AF453341

TABLETTES
DU DIRECTEUR D'USINE A GAZ

LÉGISLATION
SPÉCIALE

LOIS, DÉCRETS & ORDONNANCES

RECUEILLIS & CLASSÉS

PAR

Émile Durand

Directeur du journal LE GAZ

Membre honoraire de l'Association des Directeurs d'usines à gaz
d'Angleterre

PARIS

AU BUREAU DU JOURNAL LE GAZ

72, Faubourg Montmartre, 72

INDUSTRIE DU GAZ

LÉGISLATION SPÉCIALE

AVANT-PROPOS

Les lois, décrets et ordonnances qui régissent l'industrie de l'éclairage par le gaz, ou qui se rattachent, soit à l'Établissement et à l'exploitation des usines à gaz, soit à leurs rapports avec les municipalités, sont nombreux ; ils se trouvent épars dans le *Bulletin des lois* et parfois dans les publications spéciales.

Mais il est rare que l'on ait sous la main le bulletin des lois, et quant aux publications spéciales, ou l'on n'en possède pas la collection complète, ou l'on perd un temps précieux à rechercher la loi que l'on a besoin de consulter.

Il nous a paru utile de réunir toute cette législation en un volume qui, naturellement, doit faire partie de nos *Tablettes du Directeur d'usine à gaz*. La publication de ce recueil présente d'autant plus d'actualité que les dispositions législatives qui avaient trait à l'industrie du gaz ou pouvaient l'intéresser, étaient déjà anciennes et viennent d'être l'objet de prescriptions nouvelles.

C'est ainsi que notre travail, divisé en trois grands groupes :

1° Etablissements dangereux, insalubres ou incommodes ;

2° Installation des usines à gaz et de leurs accessoires ;

3° Municipalités ;

renferme les décrets et les lois les plus récents sur chacune de ces matières.

La législation sur les établissements dangereux, insalubres ou incommodes a été, en effet, complétée par le décret du 31 Décembre 1866, qui établit une nouvelle nomenclature pour ces établissements.

La législation qui avait plus spécialement trait à l'Etablissement des usines à gaz a été revisée et réformée par le décret du 9 Février 1857 ; l'installation des machines à vapeur a été modifiée par le décret du 25 Janvier 1865 ; et les dépôts d'hydrocarbures ont été réglementés par le décret du 18 avril 1866.

Enfin les lois relatives aux attributions des municipalités viennent d'être l'objet de prescriptions nouvelles édictées par la loi du **24 Juillet 1867.**

C'est donc un ensemble complet que nous offrons aujourd'hui à nos lecteurs, et les dates toutes récentes des dernières dispositions législatives qui régissent chacun de ces groupes, garantissent contre l'éventualité de modifications ultérieures, du moins dans un avenir prochain.

E. D.

ÉTABLISSEMENTS

DANGEREUX, INSALUBRES OU INCOMMODES

Décret impérial du 15 *octobre* 1810

NAPOLÉON, etc., Sur le rapport de notre ministre de l'intérieur.

Vu les plaintes portées par différents particuliers contre les manufactures et ateliers dont l'exploitation donne lieu à des exhalaisons insalubres ou incommodes ;

Le rapport fait sur ces établissements par la section de chimie de la classe des sciences physiques et mathématiques de l'Institut ;

Notre Conseil d'état entendu,

Nous avons décrété et décrétons ce qui suit :

Art 1er. A compter de la publication du présent décret, les manufactures et ateliers qui répandent une odeur insalubre ou incommode, ne pourront être formés sans une permission de l'autorité administrative : ces établissements seront divisés en trois classes.

La première classe comprendra ceux qui doivent être éloignés des habitations particulières ;

La seconde, les manufactures et ateliers dont

l'éloignement des habitations n'est pas rigoureusement nécessaire, mais dont il importe néanmoins de ne permettre la formation qu'après avoir acquis la certitude que les opérations qu'on y pratique sont exécutées de manière à ne pas incommoder les propriétaires du voisinage, ni à leur causer des dommages.

Dans la troisième classe, seront placés les établissements qui peuvent rester sans inconvénient auprès des habitations, mais doivent rester soumis à la surveillance de la police.

2. La permission nécessaire pour la formation des manufactures et ateliers compris dans la première classe, sera accordée avec les formalités ci-après, par un décret rendu en notre Conseil d'état.

Celle qui exigera la mise en activité des établissements compris dans la seconde classe, le sera par les préfets, sur l'avis des sous-préfets.

Les permissions pour l'exploitation des établissements placés dans la dernière classe, seront délivrées par les sous-préfets, qui prendront préalablement l'avis des maires.

3. La permission pour les manufactures et fabriques de première classe ne sera accordée qu'avec les formalités suivantes.

La demande en autorisation sera présentée au préfet, et affichée par son ordre dans toutes les communes, à 5 kilomètres de rayon.

Dans ce délai, tout particulier sera admis à présenter ses moyens d'opposition.

Les maires des communes auront la même faculté.

4. S'il y a des oppositions, le conseil de préfecture donnera son avis, sauf la décision au Conseil d'état.

5. S'il n'y a pas d'opposition, la permission sera accordée, s'il y a lieu, sur l'avis du préfet et le rapport de notre ministre de l'intérieur.

6. S'il s'agit de fabriques de soude, ou si la fabrique doit être établie dans la ligne des douanes, notre directeur général des douanes sera consulté.

7. L'autorisation de former des manufactures et ateliers compris dans la seconde classe, ne sera accordée qu'après que les formalités suivantes auront été remplies.

L'entrepreneur adressera d'abord sa demande au sous-préfet de son arrondissement, qui la transmettra au maire de la commune dans laquelle on projette de former l'établissement, en le chargeant de procéder à des informations *de commodo et incommodo*. Ces informations terminées, le sous-préfet prendra sur le tout un arrêté qu'il transmettra au préfet. Celui-ci statuera, sauf le recours à notre Conseil d'état par toutes parties intéressées.

S'il y a opposition, il y sera statué par le conseil de préfecture, sauf le recours au Conseil d'état.

8. Les manufactures et ateliers ou établissements portés dans la troisième classe, ne pourront se former que sur la permission du préfet de police à Paris, et sur celle du maire dans les autres villes.

S'il s'élève des réclamations contre la décision

1.

prise par le préfet de police ou les maires, sur une demande en formation de manufacture ou d'atelier compris dans la troisième classe, elles seront jugées au conseil de préfecture.

9. L'autorité locale indiquera le lieu où les manufactures et ateliers compris dans la première classe pourront s'établir, et exprimera sa distance des habitations particulières.

Tout individu qui ferait des constructions dans le voisinage de ces manufactures et ateliers après que la formation en aura été permise, ne sera plus admis à en solliciter l'éloignement.

10. La division en trois classes des établissements qui répandent une odeur insalubre ou incommode, aura lieu conformément au tableau annexé au présent décret impérial. Elle servira de règle, toutes les fois qu'il sera question de prononcer sur des demandes en formation de ces établissements.

11. Les dispositions du présent décret n'auront point d'effet rétroactif : en conséquence, tous les établissements qui sont aujourd'hui en activité, continueront à être exploités librement, sauf les dommages dont pourront être passibles les entrepreneurs de ceux qui préjudicient aux propriétés de leurs voisins ; les dommages seront arbitrés par les tribunaux.

12. Toutefois, en cas de graves inconvénients pour la salubrité publique, la culture, ou l'intérêt général, les fabriques et ateliers de première classe qui les causent pourront être supprimés, en vertu

d'un décret rendu en notre Conseil d'état, après avoir entendu la police locale, pris l'avis des préfets, reçu la défense des manufacturiers et fabricants.

13. Les établissements maintenus par l'article 11 cesseront de jouir de cet avantage, dès qu'ils seront transférés dans un emplacement, ou qu'il y aura une interruption de six mois dans leurs travaux. Dans l'un et l'autre cas, ils rentreront dans la catégorie des établissements à former, et ils ne pourront être remis en activité qu'après avoir obtenu, s'il y a lieu, une nouvelle permission.

14. Nos ministres de l'intérieur et de la police générale sont chargés, chacun en ce qui le concerne, de l'exécution du présent décret, qui sera inséré au Bulletin des lois.

(NOTA) Nous ne publions pas la nomenclature annexée à ce décret, attendu qu'elle a été modifiée par le décret du 31 décembre 1866, que l'on trouvera plus loin.

———

ORDONNANCE DU ROI contenant Règlement sur les Manufactures, Établissements et Ateliers qui répandent une odeur insalubre ou incommode. — 14 janvier 1815.

LOUIS, etc., Sur le rapport de notre ministre secrétaire d'État de l'intérieur;

Vu le décret du 15 octobre 1810, qui divise en trois classes les établissements insalubres ou incommodes dont la formation ne peut avoir lieu qu'en vertu d'une permission de l'autorité administrative,

Le tableau de ces établissements qui y est annexé,

L'état supplémentaire arrêté par le ministre de l'intérieur le 22 novembre 1811,

Les demandes adressées par plusieurs préfets, à l'effet de savoir si les permissions nécessaires pour la formation des établissements compris dans la troisième classe, seront délivrées par les sous-préfets ou par les maires ;

Notre Conseil d'état entendu,

Nous avons ordonné et ordonnons ce qui suit :

Art. 1er. A compter de ce jour, la nomenclature jointe à la présente ordonnance, servira seule de règle pour la formation des établissements répandant une odeur insalubre ou incommode.

2. Le procès-verbal d'information *de commodo et incommedo*, exigé par l'article 7 du décret du 15 octobre 1810, pour la formation des établissements compris dans la seconde classe de la nomenclature sera pareillement exigible, en outre de l'affiche de demande, pour la formation de ceux compris dans la première classe.

Il n'est rien innové aux autres dispositions de ce décret.

3. Les permissions nécessaires pour la formation

des établissements compris dans la troisième classe seront délivrées dans les départements, conformément aux articles 2 et 8 du décret du 15 octobre 1810, par les sous-préfets, après avoir pris préalablement l'avis des maires et de la police locale.

4. Les attributions données aux préfets et aux sous-préfets par le décret du 15 octobre 1810, relativement à la formation des établissements répandant une odeur insalubre ou incommode, seront exercées par notre directeur général de la police dans toute l'étendue du département de la Seine, et dans les communes de Saint-Cloud, de Meudon et de Sèvres du département de Seine-et-Oise.

5. Les préfets sont autorisés à faire suspendre la formation ou l'exercice des établissements nouveaux qui, n'ayant pu être compris dans la nomenclature précitée, seraient cependant de nature à y être placés. Ils pourront accorder l'autorisation d'établissement pour tous ceux qu'ils jugeront devoir appartenir aux deux dernières classes de la nomenclature, en remplissant les formalités prescrites par le décret du 15 octobre 1810, sauf, dans les deux cas, à en rendre compte à notre directeur-général des manufactures et du commerce.

6. Notre ministre secrétaire d'État de l'intérieur est chargé de l'exécution de la présente ordonnance qui sera insérée au Bulletin des lois.

(NOTA). Même observation qu'au décret du 15 octobre 1810, pour la nomenclature annexée à l'ordonnance ci-dessus.

Ordonnance royale. — *20 septembre* 1828.

(Extrait.)

CHARLES, etc.

Avons ordonné et ordonnons ce qui suit :

Art. 1er. — Les fabriques de sel ammoniac extrait des eaux de condensation du gaz hydrogène sont rangées dans la première classe des établissements dangereux, insalubres ou incommodes.

Art. 2.......

————

Ordonnance royale. — *31 mai* 1833.

(Extrait.)

LOUIS-PHILIPPE, etc.

Avons ordonné et ordonnons ce qui suit :

Art. 2. — Sont rangés dans la deuxième classe des établissements dangereux, insalubres ou incommodes.

Les ateliers où l'on prépare les matières grasses propres à la production du gaz.

Art. 3. — Sont rangés dans la troisième classe des mêmes établissements et ateliers :

La fabrication en grand, avec les sels ammoniacaux, de l'ammoniaque ou alcali volatil.

Art. 5. — La création et l'exploitation des établissements, fabriques, usines, dépôts et ateliers compris dans les articles qui précèdent, restent soumis aux formalités prescrites par les décrets et ordonnances réglementaires du 15 octobre 1815, suivant la classe à laquelle ils appartiennent.

Décret impérial. — 31 *décembre* 1866.

Nous croyons devoir faire précéder ce décret du rapport adressé à l'Empereur à ce sujet par le ministre du commerce.

RAPPORT A L'EMPEREUR.

Sire,

La formation des établissements industriels considérés au point de vue de leur nocuité est soumise à un régime dont les bases sont fixées par le décret du 15 octobre 1810, l'ordonnance royale du 14 janvier 1815 et le décret de décentralisation du 25 mars 1852.

Sous ce régime, qui a pour but de sauvegarder les intérêts du voisinage sans exposer les industriels à ce qu'il y aurait de trop incertain et de trop variable dans l'action de la police locale, des décrets délibérés en conseil d'Etat arrêtent la nomenclature des ateliers réputés insalubres, dangereux ou incommodes, qui ne peuvent, à ce titre, être formés sans une autorisation administrative, et cette autorisation indique, s'il y a lieu, les conditions jugées nécessaires pour prévenir tout sérieux inconvénient.

Les établissements sont divisés en trois classes, dont la première se compose de ceux dont les inconvénients sont assez graves pour qu'ils doivent être indispensablement éloignés des habitations. La permission, en ce qui les concerne, ne pouvait d'abord être accordée que par décret rendu en conseil d'Etat; mais elle est, depuis 1852, dans les attributions des préfets, qui prononcent sur les demandes après apposition d'affiches, pendant un mois, dans un rayon de cinq kilomètres, enquête *de commodo et incommodo*, et s'il y a des oppositions, après avis du conseil de préfecture. Quant aux ateliers rangés dans la deuxième et la troisième classe, ils sont autorisés, les premiers, par les préfets, sans l'obligation des affiches, mais après enquête, et les derniers par les sous-préfets, sans nécessité d'affiche ni d'enquête.

Les demandeurs et les voisins peuvent, du reste,

attaquer par la voie contentieuse les décisions intervenues, et ceux-ci ont même le droit, s'ils se prétendent lésés, d'agir en dommages-intérêts devant les tribunaux ordinaires.

Les tableaux annexés au décret du 15 octobre 1810 et à l'ordonnance royale du 14 janvier 1815 contenaient une nomenclature d'établissements industriels répartis dans les trois classes. Depuis lors, des ordonnances royales ou des décrets y ont ajouté beaucoup d'autres industries, et plusieurs tableaux complémentaires ont été publiés successivement. Enfin, des décisions préfectorales ou ministérielles, rendues conformément à l'avis du comité des arts et manufactures, ont opéré pour des industries nouvelles un assez grand nombre de classements provisoires, en vertu du pouvoir que l'ordonnance du 14 janvier 1815 donne à l'Administration, et il était d'autant plus utile et opportun d'en user que l'industrie traversait une période de rapide transformation, pendant laquelle des classements définitifs eussent été souvent impossibles à déterminer convenablement, au moins pour un certain temps.

Mais il m'a paru, Sire, qu'après les progrès si considérables accomplis aujourd'hui dans les sciences appliquées à l'industrie, un grand nombre d'ateliers pourraient, sans danger, être descendus de classe ou même dispensés de l'autorisation, et que, dans leur ensemble, les classements actuels pourraient être améliorés, en même temps qu'ils seraient fondus dans une nomenclature générale ;

j'ai chargé, en conséquence, le comité consultatif des arts et manufactures de procéder à une révision pour laquelle ce conseil offre toutes les garanties désirables.

Le comité a examiné avec le plus grand soin l'état actuel de toutes les industries, sous le rapport de leurs inconvénients pour le voisinage. Il n'a pas hésité à reconnaître que, par des causes diverses, les perfectionnements introduits ont eu pour résultat d'atténuer ou même d'annuler dans beaucoup de cas la nocuité qui, à l'origine, avait déterminé les classements, et que la situation opposée se présente très rarement. Il a dressé un tableau général destiné à remplacer tous les classements définitifs ou provisoires antérieurement admis, en s'attachant à n'y comprendre que les industries qui, dans l'état actuel des choses, sont réellement insalubres, dangereuses ou incommodes et ce projet a été renvoyé au conseil d'État, qui a fait lui-même un examen approfondi des diverses questions qu'il soulève.

La nouvelle nomenclature des établissements insalubres, dangereux ou incommodes que j'ai l'honneur de vous soumettre rentrera, Sire, j'ose l'espérer, dans les vues de Votre Majesté. Il a été possible, en effet, sans compromettre aucun intérêt de supprimer les classements définitifs ou provisoires pour plus de cent industries, et d'en descendre de classe près de quatre-vingts, tandis que quelques-unes seulement ont dû être introduites dans la nomenclature ou relevées de classe. La

mesure projetée aura ainsi l'avantage de diminuer
le nombre des cas dans lesquels les industriels ont
besoin de recourir à l'autorité, et, dans les circonstances où une autorisation préalable a paru justi-
fiée, de réduire souvent les formalités et les délais.
Enfin, la réunion dans un seul tableau de tous les
classements en rendra la connaissance plus facile
aux intéressés. La mesure dont il s'agit n'aura
donc, à tous les points de vue, que des résultats
utiles pour l'industrie, et j'ai l'honneur, en conséquence, de présenter avec confiance à la signature
de Votre Majesté le décret destiné à la réaliser.

J'ai l'honneur, etc.

Le ministre secrétaire d'État
au département de l'agriculture, du commerce
et des travaux publics,

Armand BÉHIC.

DÉCRET.

NAPOLÉON, par la grâce de Dieu et la volonté
nationale, Empereur des Français,

A tous présents et à venir, salut.

Sur le rapport de notre ministre secrétaire d'État
au département de l'agriculture, du commerce et
des travaux publics ;

Vu le décret du 15 octobre 1810, l'ordonnance royale du 14 janvier 1815, et le décret du 25 mars 1852 sur la décentralisation administrative ;

Vu les ordonnances des 29 juillet 1818, 25 juin 1823, 20 août 1824, 9 février 1825, 5 novembre 1826, 20 septembre 1828, 31 mai 1833, 5 juillet 1834, 30 octobre 1836, 27 janvier 1837, 25 mars, 15 avril et 27 mai 1838, 27 janvier 1846, et les décrets des 6 mai 1849, 19 février 1853, 21 mai 1862, 26 août 1865 et 18 avril 1866, portant addition ou modification aux classements des établissements réputés insalubres, dangereux ou incommodes ;

Vu les avis du Comité consultatif des arts et manufactures ;

Notre conseil d'Etat entendu,

Avons décrété et décrétons ce qui suit :

ARTICLE PREMIER

La division en trois classes des établissements réputés insalubres, dangereux ou incommodes, aura lieu conformément au tableau annexé au présent décret. Elle servira de règle toutes les fois qu'il sera question de prononcer sur les demandes en formation de ces établissements.

ARTICLE 2

Notre ministre secrétaire d'Etat au département de l'agriculture, du commerce et des travaux publics est chargé de l'exécution du présent décret qui sera inséré au *Bulletin des lois*.

Fait au palais des Tuileries, le 31 décembre 1866.

NAPOLÉON.

Par l'Empereur :

Le ministre secrétaire d'État
au département de l'agriculture, du commerce
et des travaux publics,

Armand BÉHIC.

NOMENCLATURE

DES ÉTABLISSEMENTS INSALUBRES, DANGEREUX OU INCOMMODES
ANNEXÉE AU DÉCRET CI-DESSUS.

* Abattoir public.—Odeur et altération des eaux — 1.

* Absinthe (Voir *Distillerie*).

* Acide arsénique (Fabrication de l') au moyen de l'acide arsénieux et de l'acide azotique :

1° Quand les produits nitreux ne sont pas absorbés. — Vapeurs nuisibles — 1.

2° Quand ils sont absorbés. — Vapeurs nuisibles — 2.

* Acide chlorydrique (Production de l') par la dé-

composition des chlorures de magnésium, d'aluminium et autres :

1° Quand l'acide n'est pas condensé. — Emanations nuisibles — 1.

2° Quand l'acide est condensé. — Emanations accidentelles — 2.

˟ Acide muriatique. (Voir *Acide chlorhydrique*.)

˟ Acide nitrique. — Emanations nuisibles — 3.

˟ Acide oxalique (Fabrication de l') :

1° Par l'acide nitrique.

a. Sans destruction des gaz nuisibles. — Fumée — 1.

b. Avec destruction des gaz nuisibles. — Fumée accidentelle — 3.

2° Par la sciure de bois et la potasse. — Fumée — 2.

˟ Acide picrique :

1° Quand les gaz nuisibles ne sont pas brûlés. — Vapeurs nuisibles — 1.

2° Avec destruction des gaz nuisibles. — Vapeurs nuisibles — 3.

˟ Acide pyroligneux (Fabrication de l') :

1° Quand les produits gazeux ne sont pas brûlés. — Fumée et odeur — 2.

2° Quand les produits gazeux sont brûlés. — Fumée et odeur — 3.

˟ Acide pyroligneux (Purification de l'). — Odeur — 2.

˟ Acide stéarique (Fabrication de l').

1° Par distillation. — Odeur et danger d'incendie — 1.

2º Par saponification. — Odeur et danger d'incendie — 2.

* Acide sulfurique (Fabrication de l').

1º Par combustion du soufre et des pyrites. — Emanations nuisibles — 1.

2ᵉ de Nordhausen par la décomposition du sulfate de fer. — Emanations nuisibles — 3.

* Acide urique (Voir *Murexide*).

* Acier (Fabrication de l'). — Fumée — 3.

* Affinage de l'or et de l'argent par les acides. — Emanations nuisibles — 1.

* Affinage des métaux au fourneau. (Voir *Grillage des minerais*.)

* Albumine (Fabrication de l') au moyen du sérum frais du sang. — Odeur — 3.

* Alcali volatil. (Voir *Ammoniaque*).

* Alcools autres que de vin, sans travail de rectification. — Altération des eaux — 3.

* Alcools. (Distillerie agricole.) — Altération des eaux — 3.

* Alcool (Rectification de l'). — Danger d'incendie — 2.

* Agglomérés ou briquettes de houille (Fabrication des) :

1º Au brai gras. — Odeur, danger d'incendie, — 2.

2º Au brai sec. — Odeur — 3.

* Aldéhyde (Fabrication de l'). — Danger d'incendie — 1.

* Allumettes (Fabrication des) avec matières détonantes et fulminantes. — Danger d'explosion et d'incendie — 1.

* Alun. (Voir *Sulfate d'alumine*.)

* Amidonnèries :

1° Par fermentation. — Odeur, émanations nuisibles et altération des eaux — 1.

2° Par séparation du gluten et sans fermentation. — Altération des eaux — 2.

* Ammoniaque (Fabrication en grand de l') par la décomposition des sels ammoniacaux. — Odeur — 3.

* Amorces fulminantes (Fabrication des). — Danger d'explosion — 1.

* Appareils de réfrigération :

1° A ammoniaque. — Odeur — 3.

2° A éther ou autres liquides relatifs et combustibles. — Danger d'explosion et d'incendie — 3.

* Arcansons ou résines de pin. (Voir *Résines*, etc.)

* Argenture sur métaux. (Voir *Dorure et argenture*.)

* Arseniate de potasse (Fabrication de l') au moyen du salpètre :

1° Quand les vapeurs ne sont pas absorbées. — Emanations nuisibles — 1.

2° Quand les vapeurs sont absorbées. — Emanations accidentelles — 2.

* Artifices (Fabrication des pièces d'). — Danger d'incendie et d'explosion — 1.

* Asphaltes, bitumes, brais et matières bitumineuses solides (Dépôts d'). — Odeur, danger d'incendie — 3.

* Asphaltes et bitumes (Travail des) à feu nu. — Odeur, danger d'incendie — 2.

* Ateliers de construction de machines et wagons. (Voir *Machines et Wagons*.)

* Bâches imperméables (Fabrication des) :

1º Avec cuisson des huiles. — Danger d'incendie — 1.

2º Sans cuisson des huiles. — Danger d'incendie — 2.

* Baleine (Travail des fanons de). (Voir *Fanons de baleine*.)

* Baryte (Décoloration du sulfate de) au moyen de l'acide chlorhydrique à vases ouverts. — Emanations nuisibles — 2.

* Battage, cardage et épuration des laine, crins et plumes de literie. — Odeur et poussière — 3.

* Battage des cuirs (Marteaux pour le). — Bruit et ébranlement — 3.

* Battage et lavage (Ateliers spéciaux pour les) des fils de laine, bourros et déchets de filature de laine et de soie dans les villes. — Bruit et poussière — 3.

* Battage des tapis en grand. - Bruit et poussière — 2.

* Batteurs d'or et d'argent. — Bruit — 3.

* Battoir à écorces dans les villes. — Bruit et poussière — 3.

* Benzine (Fabrication et dépôts de). (Voir *Huiles de pétrole, de schiste, etc.*)

* Bitumes et Asphaltes (Fabrication et dépôts de). (Voir *Asphaltes, bitumes etc.*)

* Blanc de plomb. (Voir *Céruse*.)

* Blanc de zinc (Fabrication de) par la combustion du métal. — Fumées métalliques — 3.

* Blanchiment :

1º Des fils, des toiles et de la pâte à papier par le chlore. — Odeur, émanations nuisibles — 2.

2' Des fils et tissus de lin, de chanvre et de coton par les chlorures (hypochlorites) alcalins. — Odeur, altération des eaux — 3.

3º Des fils et tissus de laine et de soie par l'acide sulfureux. — Émanations nuisibles — 2.

* Bleu de Prusse (Fabrication de). (Voir *Cyanure de potassium.*)

* Boues et immondices (Dépôts de) et voiries. — Odeur — 1.

* Bougies de paraffine et autres d'origine minérale (Moulage des). — Odeur, danger d'incendie — 3.

* Bougies et autres objets en cire et en acide stéarique. — Danger d'incendie — 3.

* Bouillon de bière (Distillation de). (Voir *Distilleries.*)

* Bourre. (Voir *Battage.*)

* Boutonniers et autres emboutisseurs de métaux par moyens mécaniques. — Bruit — 3.

* Boyauderies. (Travail des boyaux frais pour tous usages.) — Odeur, émanations nuisibles — 1.

* Boyaux et pieds d'animaux abattus (Dépôts de.) (Voir *Chairs et débris.*)

* Brasseries. — Odeur — 3.

* Briqueteries avec fours non fumivores. — Fumée — 3.

* Briquettes ou agglomérés de houille. (Voir *Agglomérés.*)

* Brûleries des galons et tissus d'or ou d'argent. (Voir *Galons.*)

* Buanderies. — Altération des eaux — 3.

* Café (Torréfaction en grand du).—Odeur et Fumée — 3.

* Caillettes et caillons pour la confection des fromages. (Voir *Chairs et débris, etc.*)

* Cailloux (Four pour la calcination des). — Fumée — 3.

* Calcination des cailloux. (Voir *Cailloux.*)

* Carbonisation du bois :

1º A l'air libre dans des établissements permanents et autre part qu'en forêt—Odeur et fumée— 2.

2º En vases clos.

Avec dégagement dans l'air des produits gazeux de la distillation — Odeur et fumée — 2.

Avec combustion des produits gazeux de la distillation — Odeur et fumée — 3.

* Carbonisation des matières animales en général — Odeur — 1.

* Caoutchouc (Travail du) avec emploi d'huiles essentielles ou de sulfure de carbone — Odeur, danger d'incendie — 2.

* Caoutchouc (Application des enduits du)—Danger d'incendie — 2.

* Cartonniers — Odeur — 3.

* Cendres d'orfèvre (Traitement des) par le plomb — Fumées métalliques — 3.

* Cendres gravelées :

1º Avec dégagement de la fumée au dehors — Fumée et odeur — 1.

2º Avec combustion ou condensation des fumées — Fumée et odeur — 2.

 * Céruse ou blanc de plomb (Fabrication de la) — Emanations nuisibles — 3.

 * Chairs, débris et issues (Dépôts de) provenant de l'abattage des animaux — Odeur — 1.

 * Chamoiseries — Odeur — 2.

 * Chandelles (Fabrication des) — Odeur, danger d'incendie — 3.

 * Chantiers de bois à brûler dans les villes — Émanations nuisibles, danger d'incendie — 3.

 * Chanvre (Teillage et rouissage du) en grand. (Voir aux mots *Teillage* et *Rouissage*.)

 * Chanvre imperméable. (Voir *Feutre goudronné*.)

 * Chapeaux de feutre (Fabrication de) — Odeur et poussière — 3.

 * Chapeaux de soie ou autres préparés au moyen d'un vernis (Fabrication de) — Danger d'incendie — 2.

 * Charbons agglomérés (Voir *Agglomérés*.)

 * Charbon animal (Fabrication ou revivification du). (Voir *Carbonisation des matières animales*.)

 * Charbon de bois dans les villes (Dépôts ou magasin de) — Danger d'incendie) — 3.

 * Charbons de terre. (Voir *Houille et Coke*.)

 * Chaudronnerie. (Voir *Forges de grosses œuvres*.)

 * Chaux (Fours à) :

1º Permanents — Fumée, poussière — 2.

2º Ne travaillant pas plus d'un mois par an — Fumée, poussière — 3.

 * Chiens (Infirmeries de) — Odeur et bruit — 1.

* Chiffons (Dépôts de) — Odeur — 3.

* Chlore (Fabrication du) — Odeur — 2.

* Chlorure de chaux (Fabrication du) :

1º En grand — Odeur — 2.

2º Dans des ateliers fabricant au plus 300 kilogrammes par jour — Odeur — 3.

* Chlorures alcalins, eau de javelle (Fabrication des) — Odeur — 2.

* Chromate de potasse (Fabrication du) — Odeur — 3.

* Chrysalides (Ateliers pour l'extraction des parties soyeuses des) — Odeur — 1.

* Cire à cacheter (Fabrication de la) — Danger d'incendie — 3.

* Cochenille ammoniacale (Fabrication de la) — Odeur — 3.

* Cocons :

1º Traitement des frisons de cocons — Altération des eaux — 2.

2º Filature de cocons. (Voir *Filature*.)

* Coke (Fabrication du) :

1º En plein air ou en fours non fumivores — Fumée et poussière — 1.

2º En fours fumivores — Poussière — 2.

* Colle forte (Fabrication de la) — Odeur, altération des eaux — 1.

* Combustion des plantes marines dans les établissements permanents — Odeur et fumée — 1.

* Construction (Ateliers de). (Voir *Machines et wagons*.)

2.

* Cordes à instruments en boyaux (Fabrication de). (Voir *Boyauderies*.)

* Corroieries. — Odeur — 2.

* Coton et coton gras (Blanchisserie des déchets de) — Altération des eaux — 3.

* Cretons (Fabrication de) — Odeur et danger d'incendie — 1.

* Crins (Teinture des). (Voir *Teintureries*.)

* Crins et soies de porcs (Préparation des) sans fermentation. (Voir aussi *Soies de porc par fermentation*.) — Odeur et poussière — 2.

* Cristaux (Fabrication de). (Voir *Verreries, etc.*)

* Cuirs vernis (Fabrication de) — Odeur et danger d'incendie — 1.

* Cuirs verts et peaux fraîches (Dépôt de) — Odeur — 2.

* Cuivre (Dérochage du) par les acides. — Odeur et émanations nuisibles — 3.

* Cuivre (Fonte du). (Voir *Fonderies, etc.*)

* Cyanure de potassium et bleu de Prusse (Fabrication de) :

1° Par la calcination directe des matières animales avec la potasse. — Odeur — 1.

2° Par l'emploi de matières préalablement carbonisées en vases clos. — Odeur — 2.

* Cyanure rouge de potassium ou prussiate rouge de potasse. — Emanations nuisibles — 3.

* Débris d'animaux (Dépôts de). (Voir *Chairs, etc.*)

* Déchets de matières filamenteuses (Dépôts de) en grand dans les villes. — Danger d'incendie — 3.

* Dégras ou huile épaisse à l'usage des chamoi-

seurs et corroyeurs (Fabrication de)—Odeur, danger d'incendie — 1.

* Dégraissage des tissus et déchets de laine par les huiles de pétroles et autres hydrocarbures. — Danger d'incendie — 1.

* Dérochage du cuivre. (Voir *Cuivre*.)

* Distilleries en général, eau-de-vie, genièvre, kirsch, absinthe et autres liqueurs alcooliques. — Danger d'incendie — 3.

* Dorure et argenture sur métaux.— Emanations nuisibles — 3.

* Eau de javelle (Fabrication d'). (Voir *Chlorures alcalins*.)

* Eau-de-vie. (Voir *Distilleries*.)

* Eau-forte. (Voir *Acide nitrique*.)

* Eaux grasses (Extraction pour la fabrication du savon et autres usages, des huiles contenues dans les) :

1° En vases ouverts.— Odeur, danger d'incendie — 1.

2° En vases clos. — Odeur, danger d'incendie — 2.

* Eaux savonneuses des fabriques. (Voir *Huiles extraites des débris d'animaux*.)

* Echaudoirs :

1° Pour la préparation industrielle des débris d'animaux. — Odeur — 1.

2° Pour la préparation des parties d'animaux propres à l'alimentation. — Odeur — 3.

* Email (Application de l') sur les métaux. — Fumée — 3.

* Emaux (Fabrication d') avec fours non fumivores. — Fumée — 3.

* Encre d'imprimerie (Fabrique d').—Odeur, danger d'incendie — 1.

* Engrais (Fabrication des) au moyen des matières animales. — Odeur — 1.

* Engrais (Dépôts d') au moyen des matières provenant de vidanges ou de débris d'animaux :

1º Non préparés ou en magasin non couvert. — Odeur — 1.

2º Desséchés ou désinfectés et en magasin couvert, quand la quantité excède 25,000 kilogrammes. — Odeur — 2.

3º Les mêmes, quand la quantité est inférieure à 25,000 kilogrammes. — Odeur — 3.

* Engraissement des volailles dans les villes (Etablissement pour l'). — Odeur — 3.

* Eponges (Lavage et séchage des). — Odeur et altération des eaux — 3.

* Equarrissage des animaux. — Odeur, émanations nuisibles — 1.

* Etamage des glaces. — Emanations nuisibles — 3.

* Ether (Fabrication et dépôts d').—Danger d'incendie et d'explosion — 1.

* Etoupilles (Fabrication d') avec matières explosives. — Danger d'explosion et d'incendie — 1.

* Faïence (Fabrique de) :

1º Avec fours non fumivores — Fumée — 2.

2º Avec fours fumivores — Fumée accidentelle — 3.

* Fanons de baleines (Travail des). — Emanations incommodes — 3.

* Farines (Moulins à). (Voir *Moulins.*)

* Féculeries. — Odeur, altération des eaux — 3.

* Ferblanc (Fabrication du). — Fumée — 3.

* Feutres et visières vernis (Fabrication de). — Odeur, danger d'incendie — 1.

* Feutre goudronné (Fabrication du). — Odeur danger d'incendie — 2.

* Filature des cocons (Ateliers dans lesquels la) s'opère en grand, c'est-à-dire employant au moins six tours. — Odeur, altération des eaux — 3.

* Fonderie de cuivre, laiton et bronze. — Fumées métalliques — 3.

* Fonderies en 2ᵉ fusion. — Fumée — 3.

* Fonte et laminage du plomb, du zinc et du cuivre. — Bruit, fumée — 3.

* Forges et chaudronneries de grosses œuvres employant des marteaux mécaniques. — Fumée, bruit — 2.

* Formes en tôle pour raffinerie. (Voir *Tôles vernies.*)

* Fourneaux à charbon de bois. (Voir *Carbonisation du bois.*)

* Fourneaux (Hauts-). — Fumée et poussière — 2.

* Fours pour la calcination des cailloux. (Voir *Cailloux.*)

* Fours à plâtre et fours à chaux. (Voir *Plâtre, Chaux.*)

* Fromages (Dépôts de) dans les villes. — Odeur — 3.

* Fulminate de mercure (Fabrication du), — Danger d'explosion et d'incendie — 1.

* Galipots ou résines de pin. (Voir *Résines*.)

* Galons et tissus d'or et d'argent (Brûleries en grand des) dans les villes. — Odeur — 2.

* Gaz, goudrons des usines. (Voir *Goudrons*.)

* Gaz d'éclairage et de chauffage (Fabrication du) :

1° Pour l'usage public, — Odeur, danger d'incendie — 2.

2° Pour l'usage particulier. — Odeur, danger d'incendie — 3.

* Gazomètres pour l'usage particulier, non attenants aux usines de fabrication. — Odeur, danger d'incendie — 3.

* Gélatine alimentaire et gélatines provenant de peaux blanches et de peaux fraîches non tannées (Fabrication de la). — Odeur — 3.

* Générateurs à vapeur. (Régime spécial.)

* Genièvre. (Voir *Distilleries*.)

* Glaces (Étamage des). (Voir *Étamage*.)

* Glace. (Voir *Appareils de réfrigération*.)

* Goudrons (Usines spéciales pour l'élaboration des) d'origines diverses. — Odeur, danger d'incendie — 2.

* Goudrons (Traitement des) dans les usines à gaz où ils se produisent. — Odeur, danger d'incendie — 2.

* Goudrons et matières bitumineuses fluides (Dépôts de). — Odeur, danger d'incendie — 2.

* Goudrons et brais végétaux d'origines diverses (Élaboration des). — Odeur, danger d'incendie — 1.

* Graisses à feu nu (Fonte des). — Odeur, danger d'incendie — 1.

* Graisses pour voitures (Fabrication des). — Odeur, danger d'incendie — 1.

* Grillage des minerais sulfureux.—Fumée, émanations nuisibles — 1.

* Guano (Dépôts de) :

1° Quand l'approvisionnement excède 25,000 kilogrammes. — Odeur — 1.

2° Pour la vente au détail. — Odeur — 3.

* Harengs (Saurage des). — Odeur — 3.

* Hongroieries — Odeur — 3.

* Houille (Agglomérés de). (Voir *Agglomérés*.)

* Huiles de Bergues (Fabrique d').(Voir *Dégras*.)

* Huiles de pétrole, de schiste et de goudron, essences et autres hydrocarbures employés pour l'éclairage, le chauffage, la fabrication des couleurs et vernis, le dégraissage des étoffes et autres usages :

1° Fabrication, distillation et travail en grand — Odeur et danger d'incendie — 1.

2° Dépôts.

a. Substances très inflammables, c'est-à-dire émettant des vapeurs susceptibles de prendre feu (1) à une température de moins de 35 degrés :

1° Si la quantité emmagasinée est, même temporairement, de 1,050 litres, (2) ou plus — Odeur et danger d'incendie — 1.

---

(1) Au contact d'une allumette enflammée.

(2) Le fût généralement adopté par le commerce pour les pétroles est de 150 litres ; 1,050 litres représentent donc sept desdits fûts.

2° Si la quantité supérieure à 150 litres n'atteint pas 1,050 litres — Odeur et danger d'incendie — 2.

b. Substances moins inflammables, c'est-à-dire n'émettant de vapeurs susceptibles de prendre feu qu'à une température de 35 degrés et au-dessus.

1° Si la quantité emmagasinée est, même temporairement, de 10,500 litres ou plus.—Odeur et danger d'incendie — 1.

2° Si la quantité emmagasinée, supérieure à 1,050 litres, n'atteint pas 10,500 litres —Odeur et danger d'incendie — 2.

* Huile de pieds de bœuf (Fabrication d'):

1° Avec emploi de matières en putréfaction — Odeur — 1.

2° Quand les matières employées ne sont pas putréfiées — Odeur — 2.

* Huiles de poisson (Fabrique d')—Odeur, danger d'incendie — 1.

* Huile épaisse ou dégras. (Voir *Dégras.*)

* Huiles de résine (Fabrication des)—Odeur, danger d'incendie — 1.

* Huilerie ou moulins à huile — Odeur, danger d'incendie — 3.

* Huiles (Épuration des) — Odeur, danger d'incendie — 3.

* Huiles essentielles ou essences de térébenthine, d'aspic et autres. (Voir *Huiles de pétrole, de schiste, etc.*)

* Huiles et autres corps gras extraits des débris des matières animales (Extraction des) — Odeur, danger d'incendie — 1.

* Huiles extraites des schistes bitumineux. (Voir *Huiles de pétrole, de schiste, etc.*)

* Huiles (Mélange à chaud ou cuisson des):

1º En vases ouverts — Odeur, danger d'incendie — 1.

2º En vases clos — Odeur, danger d'incendie — 2.

* Huiles rousses (Fabrication des) par extraction des cretons et débris de graisse à haute température — Odeur, danger d'incendie — 1.

* Impressions sur étoffes. (Voir *Toiles peintes.*)

* Jute (Teillage du). (Voir *Teillage.*)

* Kirsch (Voir *Distilleries.*)

* Laine. (Voir *Battage.*)

* Laiteries en grand dans les villes — Odeur—2.

* Lard (Atelier à enfumer le) — Odeur et fumée — 3.

* Lavage des cocons. (Voir *Cocons.*)

* Lavage et séchage des éponges.(Voir *Éponges.*)

* Lavoirs à houille — Altération des eaux — 3.

* Lavoirs à laine — Altération des eaux — 3.

* Lignites (Incinération des) — Fumée, émanations nuisibles — 1.

* Lin (Teillage en grand du). (Voir *Teillage.*)

* Lin (Rouissage du). (Voir *Rouissage.*)

* Liquides pour l'éclairage (Dépôts de) au moyen de l'alcool et des huiles essentielles — Danger d'incendie et d'explosion — 2.

* Liqueurs alcooliques. (Voir *Distilleries.*)

* Litharge (Fabrication de) — Poussière nuisible — 3.

* Machines et wagons (Ateliers de construction de) — Bruit, fumée — 2.

* Machines à vapeur. (Voir *Générateurs*.)

* Maroquineries — Odeur— 3.

* Massicot (Fabrication du) — Émanations nuisibles — 3.

* Mégisseries — Odeur—3.

* Mélanges d'huiles. (Voir *Huiles, mélanges, etc*.)

* Ménageries — Danger des animaux— 1.

* Métaux (Ateliers de) pour construction de machines et appareils. (Voir *Machines*.)

* Minium (Fabrication du) — Emanations nuisibles — 3.

* Morues (Sécheries des) — Odeur —2.

* Moulins à broyer le plâtre, la chaux, les cailloux et les pouzzolanes — Poussière — 3.

* Moulins à huile. (Voir *Huileries*.)

* Murexide (Fabrication de la) en vase clos par la réaction de l'acide azotique et de l'acide urique du guano — Emanations nuisibles — 2.

* Nitrate de fer (Fabrication du) :

1° Lorsque les vapeurs nuisibles ne sont pas absorbées ou décomposées — Emanations nuisibles — 1.

2° Dans le cas contraire — Emanations nuisibles — 3.

* Nitro-benzine, aniline et matières dérivant de la benzine (Fabrication de la) — Odeur, émanations nuisibles et danger d'incendie — 2.

* Noir des raffineries et des sucreries (Revivification du) — Émanations nuisibles, odeur — 2.

* Noir de fumée (Fabrication du) par la distillation de la houille, des goudrons, bitumes, etc. — Fumée, odeur — 2.

* Noir d'ivoire et noir animal (Distillation des os ou fabrication du) :

1° Lorsqu'on n'y brûle pas les gaz. — Odeur — 1.

2° Lorque les gaz sont brûlés. — Odeur — 2.

* Noir minéral (Fabrication du) par le broyage des résidus de la distillation des schistes bitumineux. — Odeur et poussière — 3.

* Oignons (Dessication des) dans les villes. — Odeur — 2.

* Olives (Confiserie des). — Altération des eaux — 3.

* Olives (Tourteaux d'). (Voir *Tourteaux*.)

* Orseille (Fabrication de l') :

1° en vases ouverts. — Odeur — 1.

2° A vases clos, et employant de l'ammoniaque à l'exclusion de l'urine. — Odeur — 3.

* Os (Torréfaction des) pour engrais :

1° Lorsque les gaz ne sont pas brûlés. — Odeur et danger d'incendie — 1.

2° Lorsque les gaz sont brûlés. — Odeur et danger d'incendie — 2.

* Os d'animaux (Calcination des). (Voir *carbonisation des matières animales*.)

* Os frais (Dépôts d') en grand. — Odeur, émanations nuisibles — 1.

* Ouates (Fabrication des) — Poussière et danger d'incendie — 3.

* Papiers (Fabrication de). — Danger d'incendie — 3.

* Pâte à papier (Préparation de la) au moyen de la paille et autres matières combustibles. — Altération des eaux — 3.

* Parchemineries. — Odeur — 2.

* Peaux de lièvre et de lapin. (Voir *Secrétage*.)

* Peaux de mouton (Séchage des). — Odeur et poussière — 3.

* Peaux fraîches. (Voir *Cuirs verts*.)

* Perchlorure de fer par dissolution du peroxyde de fer (Fabrication de). — Emanations nuisibles — 3.

* Pétrole. (Voir *Huiles de pétrole*.)

* Phosphore. — (Fabrication de.) — Danger d'incendie — 1.

* Pileries mécaniques des drogues. — Bruit et poussière — 3.

* Pipes à fumer (Fabrication des) :

1° Avec fours non fumivores. — Fumée — 2.

2° Avec fours fumivores. — Fumée accidentelle — 3.

* Plantes marines. — (Voir *Combustion des plantes marines*.)

* Plâtre (Fours à) :

1° Permanents. — Fumée et poussière — 2.

2° Ne travaillant pas plus d'un mois. — Fumée et poussière — 3.

* Plomb (Fonte et laminage du). — (Voir *Fonte*, etc.)

* Poêliers fournalistes, poêles et fourneaux en faïence et terre cuite — (Voir *Faïence*.)

* Poils de lièvre et de lapin. — (Voir *Secrétage.*)

* Poissons salés (Dépôts de). — Odeur incommode — 2.

* Porcelaine (Fabrication de) :

1° Avec fours non fumivores.— Fumée —2.

2° Avec fours fumivores. — Fumée accidentelle — 3.

* Porcheries. — Odeur, bruit —1.

* Potasse (Fabrication de) par calcination des résidus de mélasse. — Fumée et odeur —2.

* Potasse.—(Voir *Chromate de potasse.*)

* Poteries de terre (Fabrication de) avec fours non fumivores. — Fumée — 3.

* Poudres et matières fulminantes (Fabrication de).—(Voir aussi *Fulminate de mercure.*)—Danger d'explosion et d'incendie — 1.

* Poudrette (Fabrication de) et autres engrais au moyen de matières animales.—Odeur et altération des eaux — 1.

* Poudrette (Dépôts de).—(Voir *Engrais*)

* Pouzzolane artificielle (Fours à). —Fumée — 3.

* Protochlorure d'étain ou sel d'étain (Fabrication du).—Emanations nuisibles — 2.

* Prussiate de potasse.—(Voir *Cyanure de potassium.*)

* Pulpes de pommes de terre.—(Voir *Féculeries.*)

* Raffineries et fabriques de sucre. — Fumée, odeur — 2.

* Résines, galipots et arcansons (Travail en grand pour la fonte et l'épuration des). — Odeur, danger d'incendie — 1.

* Rogues (Dépôts de salaisons liquides connues sous le nom de). — Odeur — 2.

* Rouge de Prusse et d'Angleterre.—Émanations nuisibles — 1.

* Rouissage en grand du chanvre et du lin. — Émanations nuisibles et altération des eaux —1.

* Rouissage en grand du chanvre et du lin par l'action des acides, de l'eau chaude et de la vapeur. —Émanations nuisibles et altération des eaux — 2.

* Sabots (Ateliers à enfumer les) par la combustion de la corne ou d'autres matières animales dans les villes. — Odeur et fumée — 1.

* Salaison et préparation des viandes.-Odeur —3.

* Salaisons (Ateliers pour les) et le saurage des poissons — Odeur — 2.

* Salaisons (Dépôts de) dans les villes.—Odeur—3

* Sang :

1° Ateliers pour la séparation de la fibrine, de l'albumine, etc. — Odeur — 1.

2° (Dépôt de) pour la fabrication du bleu de Prusse et autres industries. — Odeur — 1.

3° (Fabrique de poudre de) pour la clarification des vins. — Odeur — 1.

* Sardines (Fabriques de conserves de) dans les villes. — Odeur — 2.

* Saucissons (Fabrication en grand de).— Odeur — 2.

* Saurage des harengs.—(Voir *Harengs.*)

* Savonneries. — Odeur —3.

* Schistes bitumineux.—(Voir *Huiles de pétrole, de schiste,* etc.)

Séchage des éponges. — (Voir *Éponges*.)

Sécheries des morues. — (Voir *Morues*.)

Secrétage des peaux ou poils de lièvre et lapin. — Odeur — 2.

Sel ammoniac et sulfate d'ammoniaque (Fabrication du) par l'emploi des matières animales. — Odeur, émanations nuisibles — 2.

Sel ammoniac extrait des eaux d'épuration du gaz (Fabrique spéciale de). — Odeur — 2.

Sel de soude (Fabrication du) avec le sulfate de soude. — Fumée, émanations nuisibles — 3.

Sel d'étain. — (Voir *Protochlorure d'étain*.)

Sirops de fécule et glucose (Fabrication des). — Odeur — 3.

Soie. — (Voir *Chapeaux*.)

Soie. — (Voir *Filature*.)

Soies de porc (Préparation des) :

1° Par fermentation. — Odeur — 1.

2° Sans fermentation. — (Voir *Crins et soies de porc*.)

Soude. — (Voir *Sulfate de soude*.)

Soudes brutes de varech (Fabrication des) dans les établissements permanents. — Odeur et fumée — 1.

Soufre (Fusion ou distillation du). — Émanations nuisibles, danger d'incendie — 2.

Soufre (Pulvérisation et blutage du) — Poussière, danger d'incendie — 3.

Sucre. — (Voir *Raffineries et fabriques de sucre*.)

Suif brun (Fabrication du). — Odeur, danger d'incendie. — 1.

*Suif en branches (Fonderies de) :

1º A feu nu. — Odeur, danger d'incendie — 1.

2º Au bain-marie ou à la vapeur — Odeur — 2.

*Suif d'os (Fabrication du). — Odeur, altération des eaux, danger d'incendie — 1.

* Sulfate d'ammoniaque (Fabrication du) par le moyen de la distillation des matières animales — Odeur — 1.

* Sulfate de baryte. — (Voir *Baryte*.)

* Sulfate de cuivre (Fabrication du) au moyen du grillage des pyrites. — Émanations nuisibles et fumée — 1.

* Sulfate de mercure (Fabrication du) :

1º Quand les vapeurs ne sont pas absorbées. — Émanations nuisibles — 1.

2º Quand les vapeurs sont absorbées. — Émanations moindres — 2.

* Sulfate de peroxyde de fer (Fabrication du) par le sulfate de protoxyde de fer et l'acide nitrique (nitro-sulfate de fer). — Émanations nuisibles — 2.

* Sulfate de protoxyde de fer ou couperose verte par l'action de l'acide sulfurique sur la ferraille (Fabrication en grand du). — Fumée, émanations nuisibles — 3.

* Sulfate de soude (Fabrication du) :

1º Par la décomposition du sel marin par l'acide sulfurique, sans condensation de l'acide chlorhydrique. — Émanations nuisibles — 1.

2º Avec condensation complète de l'acide chlorhydrique. — Émanations nuisibles — 2.

* Sulfate de fer, d'alumine et alun (Fabrication par

le lavage des terres pyriteuses et alumineuses gril-
lées du).—Fumée et altération des eaux — 3.

* Sulfure de carbone (Fabrication du).— Odeur,
danger d'incendie — 1.

* Sulfure de carbone (Manufactures dans lesquelles
on emploie en grand le).— Danger d'incendie — 1.

* Sulfure de carbone (Dépôts de).—(Suivent le régime des huiles de pétrole.)

* Sulfures métalliques.—(Voir *Grillage des minerais sulfureux.*)

* Tabacs (Manufacture de). — Odeur et poussière — 2.

* Tabac (Incinération des côtes de). — Odeur et
fumée — 1.

* Tabatières en carton (Fabrication des).—Odeur
et danger d'incendie — 3.

* Taffetas et toiles vernis ou cirés (Fabrication de).
— Odeur et danger d'incendie — 1.

* Tans (Moulins à). — Bruit et poussière — 3.
* Tanneries. — Odeur — 2.
* Teinturiers.—Odeur et altération des eaux.—3.
* Teintureries de peaux. — Odeur — 3.
* Terres émaillées (Fabrication de) :
1º Avec fours non fumivores.— Fumée — 2.
2º Avec fours fumivores. — Fumée acciden-
telle — 3.

* Terres pyriteuses et alumineuses (Grillage des).
— Fumée, émanations nuisibles — 1.

* Teillage du lin, du chanvre et du jute en grand.
— Poussière et bruit — 2.

3.

* Térébenthine (Distillation et travail en grand de la). —(Voir *Huiles de pétrole, de schiste, etc.*)

* Tissus d'or et d'argent (Brûleries en grand des). —(Voir *Galons.*)

* Toiles cirées. —(Voir *Taffetas et toiles vernies.*)

* Toiles (blanchiment des). —(Voir *Blanchiment.*)

* Toiles grasses pour emballage, tissus, cordes goudronnées, papiers goudronnés, cartons et tuyaux bitumés (Fabrique de) :

1° Travail à chaud. — Odeur, danger d'incendie — 2.

2° Travail à froid. — Odeur, danger d'incendie — 3.

* Toiles peintes (Fabrique de).—Odeur —3.

* Toiles vernies (Fabrique de).—(Voir *Taffetas et toiles vernies.*)

* Tôles et métaux vernis. —Odeur et danger d'incendie — 3.

* Tonnellerie en grand opérant sur des fûts imprégnés de matières grasses et putrescibles. — Bruit, odeur et fumée — 2.

* Torches résineuses (Fabrication de). —Odeur et danger du feu — 2.

* Tourbe (Carbonisation de la) :

1° A vases ouverts. — Odeur et fumée — 1.

2° A vases clos. — Odeur — 2.

* Tourteaux d'olives (Traitement des) par le sulfure de carbone. — Danger d'incendie — 1.

* Tréfileries. — Bruit et fumée — 3.

* Triperies annexes des abattoirs.—Odeur et altération des eaux — 1.

* Tueries d'animaux. —(Voir aussi *Abattoirs publics.*)— Danger des animaux et odeur —2.

* Tuileries avec fours non fumivores.—Fumée—3.

* Urate (Fabrique d'). — (Voir *Engrais préparés.*)

* Vacheries dans les villes de plus de 5,000 habitants.—Odeur et écoulement des urines —3.

* Varech. — (Voir *Soude de varech.*)

* Vernis gras (Fabrique de). — Odeur et danger d'incendie — 1.

* Vernis à l'esprit de vin (Fabrique de).—Odeur et danger d'incendie — 2.

* Vernis (Ateliers où l'on applique le) sur les cuirs, feutres, taffetas, toiles, chapeaux.—(Voir ces mots.)

* Verreries, cristalleries et manufactures de glaces:

1º Avec fours non fumivores.—Fumée et danger d'incendie — 2.

2º Avec fours fumivores. — Danger d'incendie — 3.

* Viandes (Salaisons des).—(Voir *Salaisons.*)

* Visières et feutres vernis (Fabrique de). — (Voir *Feutres et visières.*)

* Voiries.—(Voir *Boues et immondices.*)

* Wagons et machines (Constructions de).—(Voir *Machines, etc.*)

Extrait de l'instruction adressée aux préfets par Monsieur le Ministre du Commerce, en leur envoyant le décret ci-dessus du 31 Décembre 1866.

« Vous remarquerez, Monsieur le Préfet, que le nouveau décret n'a pour objet qu'un classement des

industries, au point de vue de l'autorisation prescrite sous le régime établi par le décret du 15 octobre 1810, et qu'il ne touche ni aux dispositions
qui constituent ce régime, ni aux conditions spéciales imposées à quelques industries classées. Les
instructions antérieures, et notamment les circu-
laires du 6 avril et du 15 décembre 1852, restent
donc applicables, en principe, et je ne puis qu'in-
sister ici sur la nécessité, pour l'Administration, de
s'inspirer de l'esprit qui a dicté la nouvelle nomenclature. En présence du mouvement actuel des
affaires, mouvement accéléré par diverses causes,
et surtout par les moyens de communication rapide,
ainsi que par les besoins de la concurrence, il est
plus que jamais indispensable de prononcer sur les
demandes d'autorisation, sans dépasser le délai
strictement nécessaire à une suffisante instruction.
J'appelle particulièrement votre attention sur ce
point.

Le décret du 31 décembre 1866 n'a en vue, ainsi
qu'il a été dit ci-dessus, qu'un classement des industries sous le rapport de l'autorisation, qui nous
occupe ; mais ce classement est général. De là,
Monsieur le Préfet, la conséquence que toutes les
industries qui n'y sont pas comprises, sont, en vertu
du décret, dispensées de l'autorisation spéciale, lors
même qu'elles auraient été précédemment classées
provisoirement ou définitivement, et que celles qui
y figurent dans une classe inférieure à leur précédent classement n'ont plus à subir que les formalités indiquées pour cette classe inférieure.

D'après la pensée qui a présidé au nouveau classement, dans lequel on s'est attaché à n'enlever à la liberté industrielle que ce qui est réellement nécessaire pour sauvegarder de sérieux intérêts, il doit se produire une diminution notable dans le nombre des cas où les industriels ont à recourir à l'autorité, et on ne peut pas douter que la réunion de tous les classements dans une seule nomenclature, préparée d'ailleurs avec le plus grand soin, ne facilite, à tous les degrés, l'examen des affaires. »

Nous ferons suivre cette instruction de la formule de la demande à adresser à l'autorité, pour obtenir l'autorisation de fonder un établissement dangereux, insalubre ou incommode,

Formule de demande d'Autorisation pour un établissement dangereux, insalubre ou incommode.

—

A Monsieur le Préfet du département de..... (ou de police)

Le soussigné (*nom*, *prénoms*, *profession*), demeurant à (*domicile*), a l'honneur de demander à Monsieur le Préfet l'autorisation d'établir un atelier de (*désigner la classe*) dans la commune de..., où il se propose de fixer le siége de son exploitation.

Les procédés, appareils et époques de fabrication seront : (*en donner le détail*).

Les bâtiments d'exploitation sont situés (*décrire leur situation, leur distribution et leur voisinage, de manière à constater qu'ils satisfont aux conditions exigées pour la classe d'industrie qu'on veut y exercer*).

D'ailleurs, et pour mieux prévenir tous les inconvénients extérieurs de sa fabrication, le postulant offre de prendre les précautions suivantes :

(*Indiquer ces mesures telles que : fermeture exacte des ateliers, établissement de puisards, tuyaux de cheminée, appareils fumivores, égouts, etc.*), déclarant en outre se soumettre aux conditions qui seraient jugées nécessaires par l'administration.

Le soussigné produit, à l'appui de sa demande, un plan en double expédition (*non exigé pour la 3e classe*), faisant connaître :

1º La disposition extérieure des bâtiments et la situation relative des bâtiments les plus rapprochés ;

2º La disposition intérieure des bâtiments ou ateliers, avec indication de l'emplacement des (*machines, appareils, fours, fourneaux, réservoirs, puisards, égouts, etc.*).

(*Date.*)　　　　　　　　　(*Signature.*)

USINES A GAZ

ORDONNANCE DU ROI

Relative aux Etablissements d'éclairage par le gaz hydrogène, — 2) août 1824.

LOUIS, etc., Sur le rapport de notre ministre secrétaire d'État au département de l'intérieur.

Vu notre ordonnance du 10 septembre 1823, délibérée en notre conseil d'État, sur le rapport du comité du contentieux, portant qu'il n'existe pas de classification légale pour les entreprises d'éclairage par le gaz hydrogène ;

Vu le décret du 15 octobre 1810 et notre ordonnance du 14 janvier 1815 ;

Notre Conseil d'État entendu,

Nous avons ordonné et ordonnons ce qui suit :

Art 1er. Tous les établissements d'éclairage par le gaz hydrogène, tant les usines où le gaz est fabriqué que les dépôts où il est conservé, sont rangés dans la seconde classe des établissements incommodes, insalubres ou dangereux ; et néanmoins ils ne pourront être autorisés qu'en se conformant aux mesures de précaution portées dans l'instruction annexée à la présente ordonnance, sans préjudice de celles qui pourront être ultérieurement ordonnées, si l'utilité en est constatée par l'expérience

2. Les usines d'éclairage par le gaz hydrogène seront constamment soumises à la surveillance de la police locale.

3. Notre ministre secrétaire d'État au département de l'intérieur est chargé de l'éxécution de la présente ordonnance, qui sera insérée au Bulletin des lois.

Donné au château des Tuileries, le 20 août de l'an de grâce 1824.

Signé : LOUIS.

Par le Roi : *Le Min. Sec. d'Etat au dép. de l'int.*

Signé : Corbière.

INSTRUCTION *sur les Précautions exigées dans l'établissement de la manutention des usines d'éclairage par le Gaz hydrogène, pour être annexée à l'ordonnance royale du 20 août 1824.*

§ Ier. — *Conditions à imposer pour tout ce qui a rapport à la première production du Gaz*

1º Les ateliers de distillation seront séparés des autres ; ils seront couverts en matériaux incombustibles;

2º Les fabricants seront tenus d'élever jusqu'à

trente-deux mètres les cheminées de leurs fourneaux ; la disposition de ces fourneaux sera aussi
fumivore que possible ;

3° Il sera établi au-dessus de chaque système de
fourneau un tuyau d'appel horizontal, communi-
quant, d'une part, à la grande cheminée de l'usine,
et, d'autre part, venant s'ouvrir au-dessus de
chaque cornue, au moyen d'une hotte de forme et
de grandeur convenables, de telle sorte que la
fumée, sortant de la cornue lorsqu'on l'ouvre,
puisse se rendre par la hotte et le tuyau d'appel
horizontal dans la grande cheminée de l'usine ;

4° Les cornues seront inclinées en arrière, de
manière que le goudron liquide ne puisse se répandre sur le devant au moment du défournement;

5° Le coke embrasé sera reçu, au sortir des cornues, dans des étouffoirs placés le plus près possible
des fourneaux.

§ II. — *Conditions à imposer pour que la Condensation
des Produits volatils et l'Épuration du Gaz ne nuisent
pas aux voisins.*

1° Il sera pratiqué, soit dans les murs latéraux, soit
dans la toiture des ateliers de condensation et d'é-
puration, des ouvertures suffisantes pour y entretenir une ventilation continue et qui soit indépen-
dante de la volonté des ouvriers qui y sont employés. Dans la visite des appareils, on ne devra
faire usage que de lampes de sûreté.

2° Les produits de la condensation et de l'épuration seront immédiatement transportés à la voirie,

dans des tonneaux bien fermés , ou mieux encore, ils seront vidés, soit dans les cendriers des fourneaux, soit sur le charbon de terre qui se brûle dans les foyers.

§ III. — *Conditions à imposer pour éviter tout danger dans le service du Gazomètre.*

1º Les cuves dans lesquelles plongent les gazomètres, seront toujours pratiquées dans le sol et construites en maçonnerie. Il sera placé à chaque citerne un tuyau de trop-plein, afin d'empêcher que dans aucun cas l'eau ne s'élève au-dessus du niveau convenable.

2º Chaque gazomètre sera muni d'un guide ou axe vertical ; il sera suspendu au moyen de deux chaînes en fer, dont chacune aura été reconnue capable de supporter un poids au moins égal à celui du gazomètre.

3º Il sera adapté à chaque gazomètre un tube de trop-plein, destiné à l'écoulement du gaz qui pourrait y être conduit par excès.

4º Les bâtiments dans lesquels seront établis les gazomètres, seront entièrement isolés, soit des autres parties de l'établissement, soit des habitations voisines. Il y sera pratiqué des ouvertures en tous sens et en assez grand nombre pour y entretenir une ventilation continue. Ils seront toujours surmontés d'un paratonnerre, et l'on ne devra y faire usage que de lampes de sûreté. Ces bâtiments seront en outre fermés à clef, et la garde de cette clef ne pourra être confiée qu'à un contremaître habile et d'une fidélité éprouvée, et dans le cas seulement où le chef de l'établissement serait dans l'obligation de s'en dessaisir momentanément.

§ IV. — *Conditions à imposer aux Fabricants qui compriment le Gaz dans des vases portatifs.*

1° Ces vases ne pourront être que de cuivre rouge, de tôle ou de tout autre métal très ductile, qui se déchire plutôt qu'il ne se brise sous une pression trop forte.

2° Ils seront essayés à une pression double de celle qu'ils doivent supporter dans le travail journalier.

Vu pour être annexé à l'ordonnance royale en date du 20 août 1824, enregistré sous le n° 4080.

Le min. sec. d'État au dép. de l'int.

Signé : CORBIERE.

ORDONNANCE DU ROI

relative aux petits Appareils domestiques pour fabriquer le Gaz hydrogène. — 25 *mars* 1836.

LOUIS-PHILIPPE, etc., Sur le rapport de notre ministre secrétaire d'État au département des travaux publics, de l'agriculture et du commerce ;

Vu le décret du 15 octobre 1810 et l'ordonnance du 14 janvier 1815, portant règlement sur les éta-blissements dangereux, insalubres ou incommodes;

Vu l'ordonnance du 20 août 1824, concernant spécialement les établissements d'éclairage par le Gaz;

Notre Conseil d'État entendu,

Nous avons ordonné et ordonnons ce qui suit:

Art. 1er. Les petits appareils domestiques pour fabriquer le gaz hydrogène, destinés à fournir au plus à dix becs d'éclairage, et tout gazomètre en dépendant, d'une capacité de sept mètres cubes au plus, sont rangés dans la troisième classe des éta-blissements dangereux, insalubres ou incommodes.

2. Aucune matière animale ne pourra être em-ployée à la fabrication du gaz inflammable dans ces appareils.

3. Les établissements d'éclairage au gaz de troi-sième classe ne pourront être autorisés qu'en se conformant aux mesures de précautions portées dans l'instruction annexée à la présente ordon-nance, et à toutes celles qui pourraient intervenir sur ces établissements.

4. La surveillance de la police locale, établie par l'ordonnance du 20 août 1824 pour les usines d'é-clairage au gaz, est applicable aux gazomètres et petits appareils d'éclairage domestique par le gaz.

5. Notre ministre secrétaire d'État au département des travaux publics, de l'agriculture et du com-merce, est chargé de l'exécution de la présente or-donnance, qui sera insérée au Bulletin des lois.

INSTRUCTION

pour les Établissements d'éclairage au Gaz de troisième classe.

§ 1er. Le gazomètre pourra être placé dans un lieu couvert ou en plein air. Si le local est couvert, il devra être aéré pour ne point y permettre l'accumulation du gaz, inconvénient qui, s'il avait lieu, pourrait occasionner une détonation avec les accidents qui en sont la suite ; le gazomètre ne pourra être établi dans une cave.

§ II. La cuve du gazomètre pourra être construite en maçonnerie dans le sol ou simplement en bois ou en métal à sa surface. Les plus grands soins seront pris pour empêcher l'eau fétide qu'elle renferme de s'extravaser, car en s'infiltrant dans le sol elle gâterait l'eau des puits environnants.

§ III. Le gaz dans les gazomètres devra toujours être plus comprimé que l'air extérieur, c'est-à-dire, que le poids du gazomètre dégagé de l'eau de la cuve ou immergé devra être constamment plus grand que son contre-poids ; si cette précaution était négligée, l'air atmosphérique pourrait s'introduire dans le gazomètre et occasionner une explosion.

§ IV. Le gazomètre sera muni d'un tube de trop plein ou simplement d'un trou d'un ou deux centimètres de diamètre placé à huit ou dix centimètres de son bord inférieur, de manière que lorsque ce trou se trouvera plongé dans la couche d'eau déprimée par l'excès de pression du gaz, celui-ci puisse s'échapper en bouillonnant dans l'eau environnante, sans jamais permettre l'entrée de l'air dans le gazomètre.

§ V. Autant qu'il sera possible, l'appareil de production du gaz et le gazomètre seront isolés, soit des habitations voisines, soit du bâtiment du propriétaire de l'appareil.

§ VI. Les propriétaires devront toujours tenir l'appareil et le local qui le renferme dans le plus grand état de propreté, et enlever les résidus de la distillation, de manière qu'aucune mauvaise odeur ne puisse se répandre au dehors.

Vu pour être annexé à l'ordonnance royale du 25 mars 1836 , enregistrée sous le n° 3908.

ORDONNANCE DU ROI

Portant règlement sur les Établissements d'éclairage par le gaz hydrogène, 27 janvier 1846.

LOUIS-PHILIPPE, roi des Français, à tous présents et à venir, salut.

Sur le rapport de notre ministre secrétaire d'État au département de l'agriculture et du commerce;

Vu l'ordonnance royale du 20 août 1824, et notre ordonnance du 25 mars 1838, concernant les établissements d'éclairage par le gaz hydrogène;

Vu l'avis du comité consultatif des arts et manufactures;

Notre Conseil d'État entendu,

Nous avons ordonné et ordonnons ce qui suit :

Art. 1er. Les usines et ateliers où le gaz hydrogène est fabriqué, et les gazomètres qui en dépendent, demeurent rangés dans la deuxième classe des établissement dangereux, insalubres ou incommodes, sauf dans les cas réglés par les deux articles suivants.

2. Sont rangés dans la troisième classe les petits appareils pour fabriquer le gaz, pouvant fournir au plus, en douze heures, dix mètres cubes, et les gazomètres qui en dépendent.

3. Sont également rangés dans la troisième classe les gazomètres non attenant à des appareils producteurs et dont la capacité excède dix mètres cubes.

Ceux d'une capacité moindre pourront être établis, après déclaration à l'autorité municipale.

4. Les ateliers de distillation, tous les bâtiments y attenant et les magasins de charbon dépendant des ateliers de distillation, même quand ils ne seraient pas attenant à ces ateliers, seront construits et couverts en matériaux incombustibles.

5. Il sera établi à la partie supérieure du toit des ateliers, pour la sortie des vapeurs, une ou plusieurs ouvertures surmontées de tuyaux ou chemi-

nées dont la hauteur et la section seront déterminées par l'acte d'autorisation.

6. Aucune matière animale ne pourra être em-
ployée pour la fabrication du gaz.

7. Le coke sera éteint à la sortie des cornues.

8. Les appareils de condensation devront être
établis en plein air ou dans des bâtiments ventilés
à la partie supérieure, à moins que la condensation ne s'opère dans des tuyaux enfouis sous le sol.

9. Les appareils d'épuration devront être placés
dans des bâtiments ventilés au moyen d'une cheminée spéciale établie sur la partie supérieure du
comble, et dont la hauteur et la section seront déterminées par l'acte d'autorisation. Le gaz ne sera
jamais conduit des cornues dans le gazomètre sans
passer par les épurateurs.

10. Tout mode d'éclairage autre que celui des
lampes de sûreté est formellement interdit dans le
service des appareils de condensation et d'épuration, ainsi que dans l'intérieur et aux environs des
bâtiments renfermant des gazomètres.

11. Les eaux ammoniacales et les goudrons produits par la distillation, qu'on n'enlèverait pas immédiatement, seront déposés dans des citernes
exactement closes et étanches, et dont la capacité
ne devra pas excéder quatre mètres cubes.

Ces citernes seront construites en pierres ou briques, à bain de mortier hydraulique et enduites
d'un ciment pareillement hydraulique ; elles devront être placées sous des bâtiments couverts.

12. Les goudrons, les eaux ammoniacales et les

laits de chaux, ainsi que la chaux solide sortant des ateliers d'épuration, seront enlevés immédiatement dans des vases ou dans des tombereaux hermétiquement fermés.

13. Les résidus aqueux ne pourront être évaporés et les goudrons brûlés dans les cendriers et dans les fourneaux, qu'autant qu'il n'en résultera à l'extérieur ni fumée ni odeur.

14. Le nombre et la capacité des gazomètres de chaque usine seront tels que, dans le cas de chômage de l'un d'eux, les autres puissent suffire aux besoins du service.

Chaque usine aura au moins deux gazomètres.

15. Les bassins dans lesquels plongent les gazomètres seront complètement étanches; ils seront construits en pierres ou briques à bain de mortier hydraulique, ou en bois; si les bassins sont en bois, ils devront être placés dans une fosse en maçonnerie.

Si les murs s'élèvent au-dessus du sol, ils auront une épaisseur égale à la moitié de leur hauteur.

Les cuves ou bassins au niveau du sol seront entourés d'une balustrade.

16. La cloche de chaque gazomètre sera maintenue par des guides fixes, de manière à ne pouvoir jamais, dans son mouvement, s'écarter de la verticale.

Elle sera, en outre, disposée de manière que la force élastique du gaz dans l'intérieur du gazomètre soit supérieure à la pression atmosphérique.

4

La pression intérieure du gaz sera indiquée par un manomètre.

17. Les gazomètres d'une capacité de plus de dix mètres cubes seront entièrement isolés, tant des bâtiments de l'usine que des habitations voisines, et protégés par des paratonnerres dont la tige aura une hauteur au moins égale à la moitié du diamètre du gazomètre.

18. Tout bâtiment contenant un gazomètre d'une capacité quelconque sera ventilé au moyen d'ouvertures pratiquées dans la partie supérieure, de manière à éviter l'accumulation du gaz en cas de fuite. Il sera, en outre, pratiqué dans son pourtour plusieurs ouvertures qui devront être revêtues de persiennes.

19. Un tube de trop-plein, destiné à porter le gaz au-dessus du toit, sera adapté à chaque gazomètre établi dans un bâtiment.

Si le gazomètre est en plein air, le tube pourra être remplacé par quatre ouvertures de un ou deux centimètres de diamètre, placées à huit ou dix centimètres de son bord inférieur et à égale distance les unes des autres.

20. Ne pourront être placés dans les caves que les gazomètres de dix mètres cubes au plus, non attenant à des appareils producteurs ; ces caves devront être exclusivement affectées aux gazomètres. Elles seront convenablement ventilées, au moyen de deux ouvertures placées, l'une près du sol de la cave, l'autre dans la partie la plus élevée de la voûte.

Cette dernière ouverture sera surmontée d'un tuyau d'évaporation dépassant le faîte de la maison.

21. Le premier remplissage d'un gazomètre ne pourra avoir lieu qu'après vérification faite de sa construction, et en présence d'un agent délégué par l'autorité municipale.

22. Les récipients portatifs pour le gaz comprimé devront être en cuivre ou en tôle de fer ; ils seront essayés à une pression double de celle qu'ils doivent supporter dans l'usage journalier, et qui sera déterminée par l'acte d'autorisation.

23. Le gaz fourni aux consommateurs sera complètement épuré. Sa pureté sera constatée par les moyens qui seront prescrits par l'Administration.

24. Les usines et appareils mentionnés ci-dessus pourront, en outre, être assujettis aux mesures de de précaution et dispositions qui seraient reconnues utiles dans l'intérêt de la sûreté ou de la salubrité publique.

25. L'ordonnance royale du 20 août 1821 et notre ordonnance du 25 mars 1838, concernant les établissements d'éclairage par le gaz hydrogène, sont rapportées.

26. Notre ministre secrétaire d'État au département de l'agriculture et du commerce est chargé de l'exécution de la présente ordonnance, qui sera insérée au Bulletin des Lois.

15 Décembre 1852.

—

Extrait d'une instruction ministérielle.

—

Dans une instruction émanée du ministre du commerce, sur la décentralisation administrative, en ce qui concerne les établissements insalubres, on lit, à l'annexe A, la recommandation suivante :

§ X. — *Gaz d'éclairage.*

Se reporter aux conditions prescrites par l'ordonnance du 27 janvier 1846, portant règlement sur les usines et les établissements d'éclairage par le gaz.

N. B. L'extension que prennent la plupart de ces usines exige *qu'elles soient éloignées le plus possible des habitations, et même qu'elles soient établies hors des villes.*

—

Décret sur l'emploi des matières animales à la fabrication du gaz.—17 mai 1865.

NAPOLÉON...

Sur le rapport de notre ministre secrétaire d'État

au département de l'agriculture, du commerce et des travaux publics ;

Vu l'ordonnance royale du 27 janvier 1846 ;

Vu l'avis du Comité consultatif des arts et manufactures, en date du 1er mars 1865 ;

Notre Conseil d'État entendu,

Avons décrété et décrétons ce qui suit :

Art. 1er. L'article 6 de l'ordonnance royale du 27 janvier 1846, portant qu'aucune matière animale ne peut être employée pour la fabrication du gaz d'éclairage, est et demeure rapporté.

Art. 2. Notre ministre secrétaire d'État au département de l'agriculture, du commerce et des travaux publics est chargé de l'exécution du présent décret, qui sera inséré au Bulletin des lois.

Nota. Ce décret a été promulgué le 6 juin 1865.

—

Paris, le 5 juillet 1865.

Instruction relative à ce décret.

Nous extrayons les passages suivants de l'instruction adressée par M. le ministre aux préfets de l'Empire, afin de bien faire comprendre les motifs et la portée de ce décret :

« Monsieur le préfet, des réclamations ayant été adressées à mon ministère, au sujet de la gène résultant, pour la fabrication du gaz d'éclairage, de la prohibition inscrite dans l'article 6 de l'ordonnance royale du 27 janvier 1846, j'ai fait examiner la question de savoir si les perfectionnements apportés aux procédés industriels, depuis 1846, permettraient de donner satisfaction aux vœux des réclamants, en levant l'interdiction d'employer dans cette fabrication les matières animales.

Le Comité consultatif des arts et manufactures établi près de mon ministère, et aux soins duquel j'ai confié.cet examen, a exposé que les graisses et autres déchets d'animaux ne pourraient présenter d'inconvénients pour la salubrité que dans les dépôts où ils seraient amenés, c'est-à-dire avant leur introduction dans les cornues de distillation, et que, pour prévenir ces inconvénients, il suffirait que l'Administration introduisît dans les actes d'autorisation des conditions suffisantes pour garantir le voisinage. Le Comité a déclaré, en conséquence, qu'en prenant cette précaution, il n'y aurait aucun inconvénient à faire rapporter l'article 6 de l'ordonnance précitée. »

Décret du 9 février 1867.

NAPOLÉON, par la grâce de Dieu et la volonté nationale, Empereur des Français,

A tous présents et à venir, salut.

Sur le rapport de notre ministre secrétaire d'Etat au département de l'agriculture, du commerce et des travaux publics ;

Vu l'ordonnance royale du 27 janvier 1846, concernant les établissements d'éclairage par le gaz hydrogène ;

Vu le décret du 31 décembre 1866 ;

Vu l'avis du Comité consultatif des arts et manufactures ;

Notre Conseil d'Etat entendu,

Avons décrété et décrétons ce qui suit :

Art. 1er. — Les usines et ateliers de fabrication du gaz d'éclairage et de chauffage pour l'usage public, et les gazomètres qui en dépendent, sont soumis aux conditions ci-après :

Art. 2. — Les usines sont fermées par un mur d'enceinte ou une clôture solide en bois, de trois mètres de hauteur au moins ; les ateliers de fabrication et les gazomètres sont à la distance de trente mètres au moins des maisons d'habitation voisines.

Art. 3. — Les ateliers de distillation et tous les bâtiments y attenant seront construits et couverts en matériaux incombustibles.

Art. 4. — La ventilation desdits ateliers doit être assurée par des ouvertures suffisamment larges et nombreuses, ménagées dans les parois latérales et à la partie supérieure du toit.

Art. 5. — Les appareils de condensation sont établis en plein air ou dans des bâtiments dont la ventilation est assurée comme celle des ateliers de distillation.

Art. 6. — Les appareils d'épuration sont placés vers le centre de l'usine, en plein air ou dans des bâtiments dont la ventilation est assurée comme celle des ateliers de distillation et de condensation.

Art. 7. — Les eaux ammoniacales et les goudrons produits par la distillation, qu'on n'enlèverait pas immédiatement, seront recueillis dans des citernes exactement closes et qui devront être parfaitement étanches.

Art. 8. — L'épuration sera pratiquée et conduite avec les soins et précautions nécessaires pour qu'aucune odeur incommode ne se répande en dehors de l'enceinte de l'usine. La chaux ou les laits de chaux, s'il en est fait usage, seront enlevés, chaque jour, dans des vases ou tombereaux fermant hermétiquement, et transportés dans une voirie ou dans un local désigné par l'autorité municipale.

Art. 9. — Les eaux de condensation peuvent être traitées dans l'usine elle-même pour en extraire les sels ammoniacaux qu'elles contiennent, à la condition que les ateliers soient établis vers la partie centrale de l'usine, et qu'il n'en sorte aucune exhalaison nuisible ou incommode pour les habitants du voisinage, et que l'écoulement des eaux perdues soit assuré sans inconvénient pour le voisinage.

Art. 10. — Les goudrons ne pourront être brûlés

dans les cendriers et les fourneaux qu'autant qu'il n'en résultera, à l'extérieur, ni fumée ni odeur.

Art. 11. — Les bassins dans lesquels plongent les gazomètres seront complètement étanches ; ils seront construits en pierres ou briques à bain de mortier hydraulique, en tôle ou en fonte.

Art. 12. — Les gazomètres seront établis à l'air libre ; la cloche de chacun d'eux sera maintenue entre des guides fixes, solidement établis, de manière que, dans son mouvement, son axe ne s'écarte pas de la verticale. La course ascendante en sera limiteé, de telle sorte que, lorsque la cloche atteindra cette limite, son bord inférieur soit encore à un niveau inférieur à 0^m30 au moins au bord du bassin ou cuve.

La force élastique du gaz dans l'intérieur du gazomètre sera toujours maintenue au-dessus de la pression atmosphérique. Elle sera indiquée par un manomètre très apparent.

Art. 13. — Les usines et appareils mentionnés ci-dessus pourront, en outre, être assujettis aux mesures de précautions et dispositions qui seraient reconnues utiles dans l'intérêt de la sûreté et de la salubrité publiques, et qui seraient déterminées par un règlement d'administration publique.

Art. 14. — Les usines et ateliers régis par le présent décret seront soumis à l'inspection de l'autorité municipale chargée de veiller à ce que les conditions prescrites soient observées.

Art. 15. — Les dispositions de l'ordonnance

précitée du 27 janvier 1846 sont et demeurent rapportées.

Art. 16. — Notre ministre secrétaire d'Etat au département de l'agriculture, du commerce et des Travaux publics est chargé de l'exécution du présent décret, qui sera inséré au *Bulletin des lois*.

Pour bien faire apprécier à nos lecteurs les modifications que le décret ci-dessus apporte à la législation en vigueur jusqu'à ce jour, il nous suffira de reproduire ici la circulaire adressée au sujet de ce décret à MM. les préfets par le ministre de l'agriculture, du commerce et des travaux publics. Voici le texte de cette circulaire :

INSTRUCTION

Pour l'exécution du Décret du 9 février 1867.

Monsieur LE PRÉFET, la nomenclature des établissements réputés insalubres, dangereux ou incommodes, annexée au décret impérial du 31 décembre 1866, a rangé dans la 2ᵉ classe la fabrication du gaz d'éclairage et de chauffage pour l'usage public, et dans la 3ᵉ classe la même fabrication pour l'usage particulier, ainsi que les gazomètres pour l'usage particulier non attenant aux usines de fabrication.

Ce classement est à peu près le maintien de celui qui existait antérieurement ; mais ce qui concerne le gaz est soumis, en outre, à des conditions spéciales prescrites par l'ordonnance royale du 27 janvier 1846, et il a paru convenable de réviser ce régime en tenant compte des progrès réalisés.

Tel est l'objet du décret impérial du 9 février 1867, rendu après examen du comité consultatif des arts et manufactures et sur l'avis du Conseil d'État, décret dont vous trouverez le texte à la suite de la présente circulaire et dont je dois vous faire connaître l'esprit et la portée.

Il convient de remarquer d'abord que l'ordonnance de 1846 s'appliquait instinctivement à la fabrication du gaz pour les usages publics et pour les usages privés ; tandis que le nouveau décret, qui le remplace en l'abrogeant, n'a plus jugé nécessaire de réglementer d'une manière spéciale que les usines fabriquant pour l'usage public ; les appareils destinés aux besoins privés ne devant plus, dès lors, être soumis qu'aux conditions particulières de l'acte administratif qui en aura autorisé l'établissement.

En second lieu, vous reconnaîtrez, Monsieur le préfet, qu'on s'est attaché à retrancher de la réglementation spéciale tout ce qui pouvait être une gêne trop grande pour le développement d'une industrie dont la nécessité est chaque jour plus démontrée.

Déjà l'Administration, désireuse de hâter le développement de cette industrie en lui laissant toutes les facilités compatibles avec la sécurité publique, avait accueilli favorablement les réclamations qui lui avaient été adressées, au sujet de la prohibition contenue dans l'article 6 de l'ordonnance de 1846, lequel interdisait l'emploi de toute substance animale pour la fabrication du gaz, et un décret, en date du 17 mai 1865, a rapporté cette prohibition.

Le règlement nouveau, s'inspirant du même esprit, supprime tout ce qui, dans l'ordonnance de 1846 (art. 17 et 24) était relatif à la construction, à l'emploi du gazomètre et aux épreuves que devaient subir les récipients portatifs pour le gaz. Il a été reconnu, en effet, que les dispositions dont il s'agit n'avaient plus aujourd'hui leur raison d'être, et n'étaient plus en harmonie avec les progrès accomplis dans cette industrie depuis vingt ans.

Le nouveau règlement dispense, en outre, les usiniers de l'obligation que leur imposait l'article 14 de l'ordonnance, d'être pourvus de deux ou plusieurs gazomètres, selon l'importance de leur fabrication ; il supprime également l'obligation qui leur était imposée de surmonter de tuyaux et cheminées toutes les ouvertures des ateliers ; enfin, il réserve à chaque fabricant, moyennant certaines conditions, la possibilité de traiter, dans son usine même, les eaux de condensation pour en extraire les sels ammoniacaux qu'elles peuvent contenir.

Ces simples indications suffisent pour faire ressortir les avantages que, dans son ensemble, la nouvelle réglementation présente aux industriels. J'y ajouterai seulement quelques explications sur les principales dispositions du décret.

Aux termes de l'article 2, 1º les usines à gaz devront être entourées d'un mur ou d'une clôture solide en bois, de 3 mètres de hauteur au moins; 2º les ateliers de fabrication, ainsi que les gazomètres, devront être séparés des habitations voisines par une distance d'au moins 30 mètres.

Il est bien entendu que la condition d'éloignement des habitations ne concerne que les usines qui se formeraient à l'avenir. S'il en était autrement, en effet, certains établissements actuellement exerçant se trouveraient frappés d'une sorte de suppression qui ne saurait être dans les intentions du règlement. Vous devez donc seulement, Monsieur le Préfet, n'autoriser désormais les usines à gaz qu'en les obligeant à satisfaire à la condition d'éloignement exigée par le décret.

Quant à la première partie de cet article et à l'ensemble des autres dispositions du décret, l'application en principe doit en être immédiate. Mais, avant de formuler des prescriptions à cet égard pour chaque établissement, vous devrez vous faire rendre un compte exact de la situation de l'usine, de son emplacement, de la possibilité ou de l'impossibilité qu'il y aurait de construire le mur ou la clôture exigés. Vous aurez aussi, avant d'ordonner l'exécution de ces travaux, à tenir compte de la difficulté qu'ils pourraient rencontrer, soit au point de vue de la situation existante, soit au point de vue de la dépense qu'ils occasionneraient, et, vous

pourrez, suivant les circonstances, user momentanément de tolérance, en accordant, pour la réalisa-
tion de ces travaux, les délais que vous jugeriez
convenables.

C'est l'article 9 qui, comme je l'ai déjà indiqué,
laisse aux propriétaires d'usines à gaz, et sous
certaines conditions, la faculté de traiter, dans
leur établissement même, les eaux de condensation
qu'ils peuvent recueillir pour en extraire les sels
ammoniacaux. Vous devrez, Monsieur le préfet,
veiller à ce que les conditions qu'impose cet article
soient convenablement observées, surtout en ce qui
concerne les exhalaisons nuisibles et l'écoulement
des eaux, de manière à sauvegarder les intérêts de
la salubrité publique et ceux des habitations voisines.

Les articles 3, 4, 5, 6, 7, 8, 10, 11 et 12 renfer-
ment, sauf ce qui a été indiqué ci-dessus, à peu
près les mêmes dispositions que les articles corres-
pondants de l'ordonnance de 1846.

Ces diverses prescriptions ne peuvent être l'objet
d'aucun embarras, d'aucune gêne sérieuse pour les
propriétaires d'usines à gaz, pourvu que l'on tienne
compte des recommandations qui précèdent tou-
chant les ménagements qu'il convient d'apporter à
l'application de l'article 2 du nouveau règlement.

Je compte beaucoup, du reste, Monsieur le préfet, sur votre sollicitude éclairée, pour faciliter la
transition du régime ancien au régime inauguré
par le nouveau décret ; mais, si vous rencontriez
dans l'application quelques difficultés qui vous

fissent désirer d'avoir l'avis du Comité consultatif des arts et manufactures, vous pourriez m'en référer, et vous me trouveriez disposé à vous faciliter la solution des questions que vous auriez à résoudre au début de ce nouveau régime pour l'industrie du gaz.

Veuillez m'accuser réception de cette circulaire.

Recevez, Monsieur le préfet, l'assurance de ma considération la plus distinguée.

Le ministre de l'agriculture, du commerce
et des travaux publics,

Signé : DE FORCADE.

INSTALLATION DES MACHINES A VAPEUR

—

L'emploi des machines à vapeur se généralisant chaque jour dans les usines à gaz, soit pour le service des extracteurs, soit pour celui des pompes pour l'eau et le goudron, nous croyons devoir insérer ici le décret du 25 janvier 1865, relatif aux formalités à remplir préalablement à l'installation des machines à vapeur, en rappelant que la législation antérieure, que ce décret remplace, se composait de trois ordonnances, aux dates des 23 septembre 1829, 25 mars 1830 et 22 mai 1843. Nos lecteurs pourront ainsi y recourir en cas de besoin.

Décret Impérial. — *25 janvier* 1865.

NAPOLÉON,

Par la grâce de Dieu et la volonté nationale, Empereur des Français,

A tous présents et à venir, salut :

Sur le rapport de notre ministre de l'agriculture, du commerce et des travaux publics ;

Vu l'ordonnance royale du 22 mai 1843, relative aux machines et chaudières à vapeur autres que celles qui sont placées sur des bateaux ;

Vu les rapports de la commission centrale des machines à vapeur, établie près du ministère de l'agriculture, du commerce et des travaux publics ;

Notre conseil d'État entendu,

Avons décrété et décrétons ce qui suit :

Art. 1er. — Sont soumises aux formalités et aux mesures prescrites par le présent décret les chaudières fermées destinées à produire la vapeur, autres que celles qui sont placées à bord des bateaux.

TITRE 1.

Dispositions relatives à la fabrication, à la vente et à l'usage des chaudières fermées destinées à produire la vapeur.

Art. 2.— Aucune chaudière neuve ou ayant déjà servi ne peut être livrée par celui qui l'a construite, réparée ou vendue, qu'après avoir subi l'épreuve prescrite ci-après.

Cette épreuve est faite chez le constructeur ou chez le vendeur, sur sa demande, sous la direction des ingénieurs des mines, ou, à leur défaut, des ingénieurs des ponts et chaussées ou les agents sous leurs ordres.

Les épreuves des chaudières venant de l'étranger sont faites, avant la mise en service, au lieu désigné par le destinataire dans sa demande.

Art. 3. — L'épreuve consiste à soumettre la chaudière à une pression effective double de celle qui ne doit pas être dépassée dans le service, toutes les fois que celle-ci est comprise entre un demi-kilogramme et 6 kilogrammes par centimètre carré inclusivement.

La surcharge d'épreuve est constante et égale à un demi-kilogramme par centimètre carré pour les pressions inférieures, et à 6 kilogrammes par centimètre carré pour les pressions supérieures aux limites ci-dessus.

L'épreuve est faite par pression hydraulique.

La pression est maintenue pendant le temps nécessaire à l'examen de toutes les parties de la chaudière.

Art. 4. — Après qu'une chaudière ou partie de chaudière a été éprouvée avec succès, il y est apposé un timbre indiquant en kilogrammes par centimètre carré la pression effective que la vapeur ne doit pas dépasser. Les timbres sont placés de manière à être toujours apparents après la mise en place de la chaudière.

Ils sont poinçonnés par l'agent chargé d'assister à l'épreuve.

Art. 5. — Chaque chaudière est munie de deux soupapes de sûreté chargées de manière à laisser la vapeur s'écouler avant que la pression effective atteigne ou tout au moins dès qu'elle atteint la limite maximum indiquée par le timbre dont il est fait mention à l'article précédent.

Chacune des soupapes offre une section suffisante pour maintenir à elle seule, quelle que soit l'activité du feu, la vapeur dans la chaudière à un degré de pression qui n'excède dans aucun cas la limite ci-dessus.

Le constructeur est libre de répartir, s'il le préfère, la section totale d'écoulement nécessaire des deux soupapes réglementaires entre un plus grand nombre de soupapes.

Art. 6. — Toute chaudière est munie d'un manomètre en bon état, placé en vue du chauffeur, disposé et gradué de manière à indiquer la pression effective de la vapeur dans la chaudière. Une ligne très apparente marque sur l'échelle le point que l'index ne doit pas dépasser.

Un seul manomètre peut servir pour plusieurs chaudières ayant un réservoir de vapeur commun.

Art. 7. — Toute chaudière est munie d'un appareil d'alimentation d'une puissance suffisante et d'un effet certain,

Art. 8. — Le niveau que l'eau doit avoir habituellement dans chaque chaudière doit dépasser d'un décimètre au moins la partie la plus élevée des carneaux, tubes et conduits de la flamme et de la fumée dans le fourneau.

Ce niveau est indiqué par une ligne tracée d'une manière très apparente sur les parties extérieures de la chaudière et sur le parement du fourneau.

La prescription énoncée au paragraphe 1er du présent article ne s'applique point :

1º Aux surchauffeurs de vapeur distincts de la chaudière ;

2º À des surfaces relativement peu étendues et placées de manière à ne jamais rougir, même lorsque le feu est poussé à son maximum d'activité, telles que la partie supérieure des plaques tubulaires des boîtes à fumée dans les chaudières de locomotives, ou encore telles que les tubes ou partie de cheminées qui traversent les réservoirs de vapeur, en envoyant directement à la cheminée principale les produits de la combustion ;

3º Aux générateurs dits à production de vapeur instantanée, et à tous autres qui contiennent une trop petite quantité d'eau pour qu'une rupture puisse être dangereuse.

Le ministre de l'agriculture, du commerce et des travaux publics peut, en outre, sur le rapport des ingénieurs et l'avis du préfet, accorder dispense de ladite prescription dans tous les cas où, à raison soit de la forme ou de la faible dimension des générateurs, soit de la position spéciale des pièces contenant de la vapeur, il serait reconnu que la dispense ne peut pas avoir d'inconvénients.

Art. 9. — Chaque chaudière est munie de deux appareils indicateurs du niveau de l'eau, indépendants l'un de l'autre et placés en vue du chauffeur.

L'un de ces deux indicateurs est un tube en verre disposé de manière à pouvoir être facilement nettoyé et remplacé au besoin.

TITRE II.

Dispositions relatives à l'établissement des chaudières à vapeur placées à demeure.

Art. 10. — Les chaudières à vapeur destinées à être employées à demeure ne peuvent être établies qu'après une déclaration au préfet du département. Cette déclaration est enregistrée à sa date. Il en est donné acte.

Art. 11. — La déclaration fait connaître :

1º Le nom et le domicile du vendeur des chaudières ou leur origine ;

2º La commune et le lieu précis où elles sont établies ;

3º Leur forme, leur capacité et leur surface de chauffe ;

4º Le numéro du timbre exprimant en kilogrammes par centimètre carré la pression effective maximum sous laquelle elles doivent fonctionner ;

5° Enfin le genre d'industrie et l'usage auxquels elles sont destinées.

Art. 12. — Les chaudières sont distinguées en trois catégories.

Cette classification est basée sur la capacité de la chaudière et sur la tension de la vapeur.

On exprime en mètres cubes la capacité de la chaudière, avec ses tubes bouilleurs ou réchauffeurs, mais sans y comprendre les surchauffeurs de vapeur ; on multiplie ce nombre par le numéro du timbre augmenté d'une unité. Les chaudières sont de la première catégorie quand le produit est plus grand que quinze ; dans la deuxième, si ce même produit surpasse cinq et n'excède pas quinze ; dans la troisième, s'il n'excède pas cinq.

Si plusieurs chaudières doivent fonctionner ensemble dans un même emplacement, et si elles ont entre elles une communication quelconque, directe ou indirecte, on prend pour former le produit, comme il vient d'être dit, la somme des capacités de ces chaudières.

Art. 13. — Les chaudières comprises dans la première catégorie doivent être établies en dehors de toute maison et de tout atelier surmonté d'étages.

N'est point considéré comme un étage au-dessus de l'emplacement d'une chaudière une construction légère, dans laquelle les matières ne sont l'objet d'aucune élaboration nécessitant la présence d'employés ou ouvriers travaillant à poste fixe.

Dans ce cas, le local ainsi utilisé est séparé des

ateliers contigus par un mur ne présentant que les passages nécessaires pour le service.

Art. 14. — Il est interdit de placer une chaudière de première catégorie à moins de 3 mètres de distance du mur d'une maison d'habitation appartenant à des tiers.

Si la distance de la chaudière à la maison est plus grande que 3 mètres et moindre que 10 mètres, la chaudière doit être généralement installée de façon que son axe longitudinal prolongé ne rencontre pas le mur de ladite maison, ou que, s'il le rencontre, l'angle compris entre cet axe et le plan du mur soit inférieur au sixième d'un angle droit.

Dans le cas où la chaudière n'est pas installée dans les conditions ci-dessus, la maison doit être garantie par un mur de défense.

Ce mur, en bonne et solide maçonnerie, a 1 mètre au moins d'épaisseur en couronne. Il est distinct du parement du fourneau de la chaudière et du mur de la maison voisine, et est séparé de chacun d'eux par un intervalle libre de $0^m,30$ de largeur au moins.

Sa hauteur dépasse de 1 mètre la partie la plus élevée du corps de la chaudière, quand il est à une distance de celle-ci comprise entre $0^m,30$ et 3 mètres. Si la distance est plus grande que 3 mètres, l'excédant de hauteur est augmenté en proportion de la distance, sans toutefois excéder 2 mètres.

Enfin, la situation et la longueur du mur sont combinées de manière à couvrir la maison voisine dans toutes les parties qui se trouvent à la fois au-dessous de la crète dudit mur, d'après la hauteur fixée ci-dessus, et à une distance moindre que 10 mètres d'un point quelconque de la chaudière.

L'établissement d'une chaudière de première catégorie à la distance de 10 mètres ou plus des maisons d'habitation n'est assujetti à aucune condition particulière.

Les distances de 3 mètres et de 10 mètres fixées ci-dessus sont réduites respectivement à 1^m,50 et 5 mètres, lorsque la chaudière est enterrée de façon que la partie supérieure de ladite chaudière se trouve à 1 mètre au moins en contre-bas du sol, du côté de la maison voisine.

Art. 15. — Les chaudières comprises dans la deuxième catégorie peuvent être placées dans l'intérieur de tout atelier, pourvu que l'atelier ne fasse pas partie d'une maison habitée par des personnes autres que le manufacturier, sa famille et ses employés, ouvriers et serviteurs.

Art. 16. — Les chaudières de troisième catégorie peuvent être établies dans un atelier quelconque, même lorsqu'il fait partie d'une maison habitée par des tiers.

Art. 17. — Les fourneaux des chaudières comprises dans la deuxième et la troisième catégorie sont entièrement séparés des maisons d'habitation appartenant à des tiers ; l'espace vide est de 1 mètre pour les chaudières de la deuxième catégorie, et de 0^m,50 pour les chaudières de la troisième.

Art. 18. — Les conditions d'emplacement établies par les articles 14 et 17 ci-dessus cessent d'être obligatoires lorsque les tiers intéressés renoncent à s'en prévaloir.

Art. 19. — Le foyer des chaudières de toute catégorie doit brûler sa fumée.

Un délai de six mois est accordé pour l'exécution de la disposition qui précède aux propriétaires de chaudières auxquels l'obligation de brûler leur fumée n'a point été imposée par l'acte d'autorisation.

Art. 20. — Si, postérieurement à l'établissement d'une chaudière, un terrain contigu vient à être affecté à la construction d'une maison d'habitation, le propriétaire de ladite maison a le droit d'exiger l'exécution des mesures prescrites par les articles 14 et 17 ci-dessus, comme si la maison eût été construite avant l'établissement de la chaudière.

Art. 21. — Indépendamment des mesures générales de sûreté prescrites au titre 1er de la déclaration prévue par les articles 10 et 11 du titre II, les chaudières à vapeur fonctionnant dans l'intérieur des mines sont soumises aux conditions spéciales fixées par les lois et règlements concernant l'exploitation des mines.

TITRE III.

Dispositions relatives aux chaudières des machines locomobiles et locomotives.

Art. 22. — Sont considérées comme locomobiles les machines à vapeur qui peuvent être transportées facilement d'un lieu dans un autre, n'exigent aucune construction pour fonctionner sur un point donné, et ne sont effectivement employées que d'une manière temporaire à chaque station.

Art. 23. — Les chaudières des machines locomobiles sont soumises aux mêmes épreuves et munies des mêmes appareils de sûreté que les générateurs établis à demeure ; toutefois elles peuvent n'avoir qu'un seul tube indicateur du niveau de l'eau en verre. Elles portent en outre une plaque sur laquelle sont gravés, en lettres très apparentes, le nom du propriétaire, son domicile et un numéro d'ordre, si le propriétaire en possède plusieurs.

Elles sont l'objet d'une déclaration adressée au préfet du département où est le domicile du propriétaire de la machine.

Art. 24. — Aucune locomobile ne peut être employée sur une propriété particulière à moins de 5 mètres de tout bâtiment d'habitation et de tout amas découvert de matières inflammables appartenant à des tiers, sans le consentement formel de ceux-ci.

Le fonctionnement des locomobiles sur la voie publique est régi par les règlements de police locaux.

Art. 25. — Les machines à vapeur locomotives sont celles qui, sur terre, travaillent en même temps qu'elles se déplacent par leur propre force.

Art. 26. — Les dispositions de l'article 23 sont applicables aux chaudières des machines locomotives.

Art. 27. — La circulation des locomotives sur les chemins de fer a lieu dans les conditions déterminées par des règlements d'administration publique.

Un règlement spécial fixera, s'il y a lieu, les conditions relatives à la circulation des locomotives sur les routes autres que les chemins de fer.

TITRE IV.

Dispositions générales.

Art. 28. — Les ingénieurs des mines, ou à leur défaut les ingénieurs des ponts et chaussées, ainsi que les agents sous leurs ordres commissionnés à cet effet, sont chargés, sous la direction des préfets et avec le concours des autorités locales, de la surveillance relative à l'exécution des mesures prescrites par le présent décret.

Art. 29. — Les contraventions au présent règlement sont constatées, poursuivies et réprimées conformément à la loi du 21 juillet 1856, sans préjudice de la responsabilité civile que les contrevenants peuvent encourir aux termes des articles 1382 et suivants du Code Napoléon.

Art. 30. — En cas d'accident ayant occasionné la mort ou des blessures graves, le propriétaire ou le chef de l'établissement doit prévenir immédiatement l'autorité chargée de la police locale et l'ingénieur chargé de la surveillance.

L'autorité chargée la police locale se transporte sur les lieux et dresse un procès-verbal qui est transmis au préfet et au procureur impérial.

L'ingénieur chargé de la surveillance se rend également sur les lieux dans le plus bref délai, pour visiter les chaudières, en constater l'état et rechercher les causes de l'accident. Il adresse sur le tout un rapport au préfet et un procès-verbal au procureur impérial.

En cas d'explosion, les constructions ne doivent point être réparées et les fragments de la chaudière rompue ne doivent point être déplacés ou dénaturés avant la clôture du procès-verbal de l'ingénieur.

Art. 31. — Les chaudières qui dépendent des services spéciaux de l'État sont surveillées par les fonctionnaires et agents de ces services.

Leur établissement reste assujetti à la déclaration prévue par l'article 10 et à toutes les conditions d'emplacement et autres qui peuvent intéresser les tiers.

Art. 32. — Les conditions d'emplacement prescrites pour les chaudières à demeure par le présent décret ne sont point applicables aux chaudières pour l'établissement desquelles il aura été satisfait à l'ordonnance royale du 22 mai 1843.

Art. 33. — Les attributions conférées aux préfets des départements par le présent décret sont exercées par le préfet de police dans toute l'étendue de son ressort.

Art. 34. — L'ordonnance royale du 22 mai 1843, relative aux machines et chaudières à vapeur autres que celles qui sont placées sur des bateaux, est rapportée.

Art. 35. — Notre ministre de l'agriculture, du commerce et des travaux publics est chargé de l'exécution du présent décret, qui sera inséré au *Bulletin des lois*.

DÉPOTS D'HYDROCARBURE.

18 *avril* 1866.

Décret portant règlement sur l'exploitation des dépôts et magasins d'huiles minérales ou autres hydrocarbures.

Vu les lois des 16-24 août 1790 et 19-22 juillet 1791 ; — Vu le décret du 15 octobre 1810 ; — Vu les ordonnances des 14 janvier 1815 et 9 février 1829.

Art. 1er. Le pétrole et ses dérivés, les huiles de schiste et de goudron, les essences et autres hydrocarbures pour l'éclairage, le chauffage, la fabrication des couleurs et vernis, le dégraissage des étoffes, ou pour tout autre emploi, sont distingués en deux catégories, suivant leur degré d'inflammabilité.

La première catégorie comprend les substances très inflammables, c'est-à-dire celles qui émettent, à une température moindre de 35 degrés de thermomètre centigrade, des vapeurs susceptibles de prendre feu au contact d'une allumette enflammée.

La seconde catégorie comprend les substances moins inflammables, c'est-à-dire celles qui n'émettent de vapeurs susceptibles de prendre feu au contact d'une allumette enflammée qu'à une température égale ou supérieure à 35 degrés.

2. — Les usines pour la fabrication, la distillation et le travail en grand de toutes les substances comprises dans l'art. 1 sont rangées dans la première classe des établissements régis par le décret du 15 octobre 1810 et par l'ordonnance royale du 14 janvier 1815, concernant les ateliers dangereux insalubres ou incommodes.

3. — Les dépôts de substances appartenant à la première catégorie sont rangés dans la première classe des établissements insalubres ou dangereux, s'ils contiennent, même temporairement, 1,050 litres ou plus desdites substances.

Ils sont rangés dans la deuxième classe lorsque la quantité emmagasinée, supérieure à 150 litres, n'atteint pas 1,050 litres.

Les dépôts pour la vente au détail, en quantité n'excédant pas 150 litres, peuvent être établis sans autorisation préalable. Toutefois, leurs propriétaires sont tenus d'adresser au préfet une déclaration indiquant la désignation précise du local, la quantité à laquelle ils entendent limiter leur approvisionnement, et de se conformer aux mesures générales énoncées dans l'art. 5 ci-après.

4. — Les dépôts de substances appartenant à la deuxième catégorie sont rangés dans la première classe des établissements insalubres ou dangereux,

s'ils contiennent, même temporairement, 10,500 litres ou plus desdites substances.

Ils appartiennent à la deuxième classe lorsque la quantité emmagasinée, supérieure à 1,050 litres, n'atteint pas 10,500 litres.

Les dépôts pour la vente au détail, en quantité n'excédant pas 1,050 litres, peuvent être établis sans autorisation préalable. Toutefois, leurs propriétaires sont tenus d'adresser au préfet une déclaration indiquant la désignation précise du local et la quantité à laquelle ils entendent limiter leur approvisionnement, et de se conformer aux mesures générales énoncées dans l'art. 5 ci-après.

5. — Les dépôts pour la vente au détail de substances de la première catégorie, en quantité supérieure à 5 litres et n'excédant pas 150 litres, et les dépôts de substances de la deuxième catégorie, en quantité supérieure à 60 litres et n'excédant pas 1,050 litres, qui, aux termes des art. 3 et 4, peuvent être établis sans autorisation préalable, sont assujettis aux conditions générales suivantes :

1° Le local du dépôt ne pourra être qu'une pièce au rez-de-chaussée ou une cave ; il sera dallé en pierres posées et rejointoyées en mortier de chaux et sable ou ciment ;

2° Les portes de communication avec les autres parties de la maison et avec la voie publique seront garnies de seuils en pierre saillant d'un décimètre au moins sur le sol dallé, de manière à retenir les liquides qui viendraient à se répandre ;

3° Si le dépôt est établi dans une cave, celle-ci

devra être bien éclairée par la lumière du jour, convenablement ventilée et sans aucune communication avec les caves voisines, dont elle sera séparée par des murs pleins en maçonnerie solide de 30 centimètres d'épaisseur au moins :

4° Si le local du dépôt est au rez-de-chaussée, il ne pourra être surmonté d'étages ; il sera largement ventilé et éclairé par la lumière du jour. Les murs seront en bonne maçonnerie et la toiture sera sur supports en fer ;

5° Dans tous les cas, le local sera d'un accès facile et ne devra être en communication avec aucune pièce servant à l'emmagasinage du bois ou autres matières combustibles qui pourraient servir d'aliment à un incendie ;

6° Les liquides seront conservés, soit dans des vases en métal munis d'un couvercle, soit dans des fûts solides et parfaitement étanches, cerclés en fer, dont la capacité ne dépassera pas 150 litres, soit dans des touries en verre ou en grès revêtues d'une enveloppe en tresses de paille, osier ou autres matières de nature à mettre le vase à l'abri de la casse par le choc accidentel d'un corps dur ; la capacité de ces touries ne dépassera pas 60 litres, et elles seront très soigneusement bouchées ;

7° Les vases servant au débit courant seront fermés et munis de robinets ;

8° Le transvasement ou dépotage des liquides en approvisionnement ne se fera qu'à la clarté du jour et, autant que possible, au moyen d'une pompe ;

9° Dans la soirée, le local sera éclairé par une ou plusieurs lanternes fixées aux murs, en des points éloignés des vases contenant les liquides inflammables, et particulièrement de ceux qui serviront au débit courant ;

10° Il est interdit d'y allumer du feu, d'y fumer et d'y garder des fûts vides, des planches ou toutes autres matières combustibles ;

11° Une quantité de sable ou de terre proportionnée à l'importance du dépôt sera conservée dans le local pour servir à éteindre un commencement d'incendie, s'il venait à se déclarer ;

12° Le propriétaire du dépôt devra toujours avoir à sa disposition une ou plusieurs lampes de sûreté garnies et en bon état, dont on se servirait, au besoin, pour visiter les parties du local, que les lanternes fixées au mur n'éclaireraient pas suffisamment. Il est expressément interdit de circuler dans le local avec des lumières portatives, découvertes, qui ne seraient pas de sûreté, et pourraient communiquer le feu à un mélange d'air et de vapeurs inflammables.

Les marchands en détail, dont l'approvisionnement est limité à 5 litres de substances de la première catégorie, ou à 60 litres de substances de la deuxième catégorie, seront tenus d'observer les mesures de précaution qui, dans chaque cas, leur seront indiquées et prescrites par l'autorité munipale.

Les dépôts qui ne satisferaient point aux conditions prescrites ci-dessus, ou qui cesseraient d'y satisfaire, seront fermés sur l'injonction de l'autorité administrative, sans préjudice des peines encourues pour contravention aux règlements de police.

7. Le transport de toutes les substances comprises dans l'art. 1, en quantité excédant 5 litres, sera fait exclusivement, soit dans des vases en tôle, en fer blanc ou en cuivre bien étanches et hermétiquement clos, soit dans des fûts en bois parfaitement étanches, cerclés en fer, dont la capacité ne dépassera pas 150 litres, soit dans des touries ou bombonnes en verre ou en grès de 60 litres de capacité au plus, bouchées et enveloppées de tresses en paille, osier ou autres matières de nature à mettre le vase à l'abri de la casse.

MUNICIPALITÉS.

Ordonnance du roi portant réglement sur les entreprises pour travaux et fournitures au nom des communes et des établissements de bienfaisance. — 14 novembre 1837.

LOUIS-PHILIPPE, roi des Français, à tous présents et à venir, salut.

Sur le rapport de notre ministre secrétaire d'État au département de l'intérieur ;

Vu le décret du 10 brumaire an XIV, concernant les travaux qui s'exécutent au compte des hospices et des établissements de charité ;

Vu le décret du 17 juillet 1808, qui a étendu aux communes les dispositions du précédent ;

Vu l'ordonnance royale du 4 décembre 1836, portant règlement sur les formes à suivre dans les marchés passés au compte de l'État ;

Vu la loi du 18 juillet 1837 ;

Notre Conseil d'État entendu,

Nous avons ordonné et ordonnons ce qui suit :

Art. 1er.—Toutes les entreprises pour travaux et fournitures au nom des communes et des établissements de bienfaisance seront donnés avec concurrence et publicité, sauf les exceptions ci-après.

2. — Il pourra être traité de gré à gré, sauf approbation par le préfet, pour les travaux et fournitures dont la valeur n'excédera pas trois mille francs.

Il pourra également être traité de gré à gré, à quelque somme que s'élèvent les travaux et fournitures, mais avec l'approbation du ministre de l'intérieur :

1° Pour les objets dont la fabrication est exclusivement attribuée à des porteurs de brevets d'invention ou d'importation ;

2° Pour les objets qui n'auraient qu'un possesseur unique ;

3° Pour les ouvrages et les objets d'art et de précision dont l'exécution ne peut être confiée qu'à des artistes éprouvés ;

4° Pour les exploitations, fabrications et fournitures qui ne seraient faites qu'à titre d'essai ;

5° Pour les matières et denrées qui, à raison de leur nature particulière et de la spécialité de l'emploi auquel elles sont destinées, doivent être achetées et choisies aux lieux de production ou livrées sans intermédiaires par les producteurs eux-mêmes ;

6° Pour les fournitures ou travaux qui n'auraient été l'objet d'aucune offre aux adjudications, et à l'égard desquels il n'aurait été proposé que des prix inacceptables ; toutefois, l'Administration ne devra pas dépasser le maximum arrêté conformément à l'article 7 ;

7° Pour les fournitures et travaux qui, dans les cas d'urgence absolue et duement constatée, amenés par des circonstances imprévues, ne pourraient pas subir les délais des adjudications.

3. — Les adjudications publiques relatives à des

fournitures, à des travaux, à des exploitations ou fabrications qui ne pourraient être sans inconvénient livrés à une concurrence illimitée, pourront être soumises à des restrictions qui n'admettront à concourir que des personnes préalablement reconnues capables par l'Administration, et produisant les titres justificatifs exigés par les cahiers des charges.

4. — Les cahiers des charges détermineront la nature et l'importance des garanties que les fournisseurs ou entrepreneurs auront à produire, soit pour être admis aux adjudications, soit pour répondre de l'exécution de leurs engagements ; ils détermineront aussi l'action que l'Administration exercera sur ces garanties, en cas d'inexécution de ces engagements.

Il sera toujours et nécessairement stipulé que tous les ouvrages exécutés par les entrepreneurs en dehors des autorités régulières demeureront à la charge personnelle de ces derniers, sans répétition contre les communes ou les établissements.

5. — Les cautionnements à fournir par les adjudicataires seront réalisés à la diligence des receveurs des communes et des établissements de bienfaisance.

6.—L'avis des adjudications à passer sera publié, sauf les cas d'urgence, un mois à l'avance, par la voie des affiches et par tous les moyens ordinaires de publicité.

Cet avis fera connaître :

1° Le lieu où l'on pourra prendre connaissance du cahier des charges;

2° Les autorités chargées de procéder à l'adjudication ;

3° Le lieu, le jour et l'heure fixés pour l'adjudication.

7. — Les soumissions devront toujours être remises cachetées en séance publique. Un *maximum* de prix ou un *minimum* de rabais, arrêté d'avance par l'autorité qui procède à l'adjudication, devra être déposé cacheté sur le bureau à l'ouverture de la séance.

8. — Dans le cas où plusieurs soumissionnaires auraient offert le même prix, il sera procédé, séance tenante, à une adjudication entre ces soumissionnaires seulement, soit sur de nouvelles soumissions, soit à extinction des feux.

9. — Les résultats de chaque adjudication seront constatés par un procès-verbal relatant toutes les circonstances de l'opération.

10. — Les adjudications seront toujours subordonnées à l'approbation du préfet, et ne seront valables et définitives, à l'égard des communes et des établissements, qu'après cette approbation.

11. — Notre ministre de l'intérieur est chargé de l'exécution de la présente ordonnance, qui sera insérée au Bulletin des Lois.

Décret sur la décentralisation administrative. —
Du 25 mars 1852.

LOUIS-NAPOLÉON, président de la République française,

Considérant que, depuis la chute de l'Empire, des abus et des exagérations de tout genre ont dénaturé le principe de notre centralisation administrative, en substituant à l'action prompte des autorités locales les lentes formalités de l'Administration centrale ;

Considérant qu'on peut gouverner de loin, mais qu'on n'administre bien que de près ; qu'en conséquence, autant il importe de centraliser l'action gouvernementale de l'État, autant il est nécessaire de décentraliser l'action purement administrative ;

Sur le rapport du ministre de l'intérieur ;

Le conseil des ministres entendu,

Décrète :

Art. 1er. — Les préfets continueront de soumettre à la décision du ministre de l'intérieur les affaires départementales et communales qui affectent directement l'intérêt général de l'État, telles que l'approbation des budgets départementaux, les impositions extraordinaires et les délimitations territoriales ; mais ils statueront désormais sur toutes les autres affaires départementales et communales qui, jusqu'à ce jour, exigeaient la décision du chef de l'État ou du ministre de l'intérieur, et dont la nomenclature est fixée par le tableau A ci-annexé.

2. — Ils statueront également, sans l'autorisation du ministre de l'intérieur, sur les divers objets concernant les subsistances , les encouragements à l'agriculture, l'enseignement agricole et vétérinaire, les affaires commerciales et la police sanitaire et industrielle dont la nomenclature est fixée par le tableau B ci-annexé.

3. — Les préfets statueront en conseil de préfecture, sans l'autorisation du ministre des finances, mais sur l'avis ou la proposition des chefs de service, en matières de contributions indirectes, en matières domaniales et forestières, sur les objets déterminés par le tableau C ci-annexé.

4. — Les préfets statueront également, sans l'autorisation du ministre des travaux publics, mais sur l'avis ou la proposition des ingénieurs en chef, et conformément aux règlements ou instructions ministérielles, sur tous les objets mentionnés dans le tableau D ci-annexé.

5. — Ils nommeront directement, sans l'intervention du gouvernement et sur la présentation des divers chefs de service, aux fonctions et emplois suivants :

1o Les directeurs des maisons d'arrêt et des prisons départementales ;

2o Les gardiens desdites maisons et prisons ;

3o Les membres des commissions de surveillance de ces établissements ;

4o Les médecins et comptables des asiles publics d'aliénés ;

5° Les médecins des eaux thermales dans les établissements privés ou communaux ;

6° Les directeurs et agents des dépôts de mendicité ;

7° Les architectes départementaux ;

8° Les archivistes départementaux ;

9° Les administrateurs, directeurs et receveurs des établissements de bienfaisance ;

10° Les vérificateurs des poids et mesures ;

11° Les directeurs et professeurs des écoles de dessin et les conservateurs des musées des villes ;

12° Les percepteurs surnuméraires ;

13° Les receveurs municipaux des villes dont le revenu ne dépasse pas trois cent mille francs ;

14° Les débitants de poudres à feu ;

15° Les titulaires des débits de tabac simples dont le produit ne dépasse pas mille francs ;

16° Les préposés en chef des octrois des villes ;

17° Les lieutenants de louveterie ;

18° Les directeurs des bureaux de poste aux lettres dont le produit n'excède pas mille francs ;

19° Les distributeurs et facteurs des postes ;

20° Les gardes forestiers des départements, des communes et des établissements publics ;

21° Les gardes champêtres ;

22° Les commissaires de police des villes de six mille âmes et au-dessous ;

23° Les membres des jurys médicaux ;

24° Les piqueurs des ponts et chaussées et cantonniers du service des routes ;

25° Les gardes de navigation, cantonniers, éclusiers. barragistes et pontonniers ;

26° Les gardiens de phares, les canotiers du service des ports maritimes de commerce, baliseurs et surveillants de quais.

6. — Les préfets rendront compte de leurs actes aux ministres compétents dans les formes et pour les objets déterminés par les instructions que ces ministres leur adresseront.

Ceux de ces actes qui seraient contraires aux lois et règlements, ou qui donneraient lieu aux réclamations des parties intéressées, pourront être annulés ou réformés par les ministres compétents.

7. — Les dispositions des articles 1, 2, 3, 4 et 5 ne sont pas applicables au département de la Seine.

8. — Les ministres de l'intérieur, des finances, des travaux publics, de l'instruction publique et de la police générale, sont chargés, chacun en ce qui le concerne, de l'exécution du présent décret.

Tableau A.

1° Acquisitions aliénations et échanges de propriétés départementales non effectées à un service public ;

2° Affectation d'une propriété départementale à un service d'utilité départementale, lorsque cette propriété n'est déjà affectée à aucun service ;

3° Mode de gestion des propriétés départementales ;

6.

4° Baux de biens donnés ou pris à ferme et à loyer par le département ;

5° Autorisation d'ester en justice ;

6° Transactions qui concernent les droits des départements ;

7° Acceptation ou refus des dons au département, sans charge ni affectation immobilière, et des legs qui présentent le même caractère ou qui ne donnent pas lieu à réclamation ;

8° Contrats à passer pour l'assurance des bâtiments départementaux :

9° Projets, plans et devis de travaux exécutés sur les fonds du département, et qui n'engageraient pas la question de système ou de régime intérieur, en ce qui concerne les prisons départementales ou les asiles d'aliénés ;

10° Adjudication de travaux dans les mêmes limites ;

11° Adjudication des emprunts départementaux dans les limites fixées par les lois d'autorisation ;

12° Acceptation des offres faites par des communes, des associations ou des particuliers pour concourir à la dépense des travaux à la charge des départements ;

13° Concession à des associations, à des compagnies ou à des particuliers des travaux d'intérêt départemental ;

14° Acquisition de meubles pour la préfecture, réparations à faire au mobilier ;

15° Achat, sur les fonds départementaux, d'ouvrages administratifs destinés aux bibliothèques des préfectures et des sous-préfectures ;

16° Distribution d'indemnités ordinaires et extraordinaires allouées sur le budget départemental aux ingénieurs des ponts et chaussées ;

17° Emploi du fonds de réserve inscrit à la deuxième section des budgets départementaux pour dépenses imprévues ;

18° Règlement de la part des dépenses des aliénés, enfants trouvés et abandonnés et orphelins pauvres, à mettre à la charge des communes, et bases de la répartition à faire entre elles ;

19" Traités entre les départements et les établissements publics ou privés d'aliénés ;

20° Règlement des budgets des asiles publics ;

21° Règlement des frais de transport, de séjour provisoire et du prix de pension des aliénés ;

22° Dispense de concours à l'entretien des aliénés réclamés par les familles ;

23° Mode et condition d'admission des enfants trouvés dans les hospices ; tarifs des mois de nourrice et de pension ; indemnités aux nourriciers et gardiens ; prix des layettes et vêtures ;

24° Marchés de fourniture pour les prisons départementales, les asiles d'aliénés et tous les établissements départementaux ;

25° Transfèrement des détenus d'une prison départementale dans une autre prison du même département ;

26° Création d'asiles départementaux pour l'indigence, la vieillesse, et règlements intérieurs de ces établissements ;

27° Règlements intérieurs des dépôts de mendicité ;

28° Règlements, budgets et comptes des sociétés de charité maternelles ;

29° Acceptation ou refus des dons et legs faits à ces sociétés quand ils ne donnent point lieu à réclamation ;

30° Rapatriement des aliénés étrangers soignés en France, et *vice versa* ;

31° Dépenses faites pour les militaires et les marins aliénés, et provisoirement pour les forçats libérés ;

32° Autorisation d'établir des asiles privés d'aliénés ;

33° Rapatriement d'enfants abandonnés à l'étranger ou d'enfants d'origine étrangère abandonnés en France ;

34° Tarifs des droits de location de place dans les halles et marchés, et des droits de pesage, jaugeage et mesurage ;

35° Budgets et comptes des communes, lorsque ces budgets ne donnent pas lieu à des impositions extraordinaires ;

36° Impositions extraordinaires pour dépenses facultatives pour une durée de cinq années, et jusqu'à concurrence de vingt centimes additionnels;

37° Emprunts, pourvu que le terme du remboursement n'excède pas dix années, lorsqu'il doit être remboursé au moyen des ressources ordinaires, ou lorsque la création des ressources extraordinairesf se trouve dans la compétence des préfets ;

38° Pensions de retraite aux employés et agents des communes et établissements charitables ;

39° Répartition du fonds commun des amendes de police correctionnelle ;

40° Mode de jouissance en nature des biens communaux, quelle que soit la nature de l'acte primitif qui ait approuvé le mode actuel ;

41° Aliénations, acquisitions, échanges, partages de biens de toute nature, qu'elle qu'en soit la valeur ;

42° Dons et legs de toute sorte de biens, lorsqu'il n'y a pas réclamation des familles ;

43° Transactions sur toutes sortes de biens, quelle qu'en soit la valeur ;

44° Baux à donner ou à prendre, quelle qu'en soit la durée ;

45° Distraction de parties superflues de presbytères communaux, lorsqu'il n'y a pas opposition de l'autorité diocésaine ;

46° Tarifs des pompes funèbres ;

47° Tarifs des concessions dans les cimetières ;

48° Approbation des marchés passés de gré à gré ;

49° Approbation des plans et devis de travaux, quel qu'en soit le montant ;

50° Plans d'alignement des villes ;

51° Cours d'eau non navigables ni flottables, en

tout ce qui concerne leur élargissement et leur curage ;

52° Assurance contre l'incendie ;

53° Tarifs des droits de voirie dans les villes ;

54° Etablissements des trottoirs dans les villes ;

55° Enfin, tous les autres objets d'administration départementale, communale et d'assistance publique, sauf les exceptions ci-après :

a. Changements proposés à la circonscription du territoire du département, des arrondissements, des cantons et des communes, et à la désignation des chefs-lieux ;

b. Contributions extraordinaires à établir, et emprunts à contracter dans l'intérêt du département;

c. Répartition du fonds commun affecté aux dépenses ordinaires des départements ;

d. Règlements des budgets départementaux ; approbation des virements de crédits d'un sous-chapitre à un autre sous-chapitre de la première section du budget, quand il s'agit d'une dépense nouvelle à introduire, et des virements de la seconde et de la troisième section ;

e. Règlement du report des fonds libres départementaux d'un exercice sur un exercice ultérieur, et règlement des comptes départementaux ;

f. Changement de destination des édifices départementaux affectés à un service public ;

g. Fixation du taux maximum du mobilier des hôtels de préfecture ;

h. Acceptation ou refus des dons et legs faits au département, qui donnent lieu à réclamation ;

i. Classement, direction et déclassement des routes départementales ;

j. Approbation des règlements d'administration et de discipline des prisons départementales ;

k. Approbation des projets, plans et devis des travaux à exécuter aux prisons départementales ou aux asiles publics d'aliénés, quand ces travaux engagent la question de système ou de régime intérieur, quelle que soit d'ailleurs la quotité de la dépense ;

l. Fixation de la part contributive du département aux travaux exécutés par l'État et qui intéressent le département ;

m. Fixation de la part contributive du département aux dépenses et aux travaux qui intéressent à la fois le département et les communes ;

n. Organisation des caisses de retraites ou de tout autre mode de rémunération ou de secours en faveur des employés des préfectures ou sous-préfectures et des autres services départementaux ;

o. Règlement du domicile de secours pour les aliénés et les enfants trouvés, lorsque la question s'élève entre deux ou plusieurs départements ;

p. Suppression des tours actuellement existants ; ouverture de tours nouveaux ;

q. Approbation des taxes d'octroi ;

r. Frais de casernement à la charge des villes, leur abonnement ;

s. Impositions extraordinaires pour dépenses facultatives, lorsque les centimes additionnels excèdent le nombre de vingt, et que la durée de l'imposition dépasse cinq ans ;

t. Emprunts, lorsque le terme du remboursement excèdera dix années, ou que ce remboursement devra s'opérer au moyen d'une imposition extraordinaire soumise à l'approbation de l'autorité centrale;

u. Expropriation pour cause d'utilité publique, sans préjudice des concessions déjà faites en faveur de l'autorité préfectorale par la loi du 21 mai 1836, relative aux chemins vicinaux ;

v. Legs, lorsqu'il y a réclamation de la famille ;

x. Ponts communaux à péage ;

y. Création d'établissements de bienfaisance (hôpitaux, hospices, bureaux de bienfaisance, monts-de-piété).

Tableau B.

1° Autorisation d'ouvrir des marchés, sauf pour les bestiaux ;

2° Réglementation complète de la boucherie, boulangerie et vente de comestibles sur les foires et marchés ;

3° Primes pour la destruction des animaux nuisibles ;

4° Règlement des frais de traitements des épizooties ;

5° Approbation des tableaux de marchandises à vendre aux enchères par le ministère des courtiers ;

6° Formation et autorisation des sociétés de sociétés de secours mutuels qui ne rempliraient pas les formalités voulues pour être d'utilité publique ;

7° Examen et approbation des règlements de police commerciale pour les foires, marchés, ports et autres lieux publics ;

8° Autorisation des établissements insalubres de première classe, dans les formes déterminées pour cette nature d'établissements, et avec les recours existant aujourd'hui pour les établissements de deuxième classe ;

9° Autorisation de fabriques et ateliers dans le rayon des douanes, sur l'avis conforme du directeur des douanes.

Tableau C.

1° Transactions ayant pour objet les contraventions en matière de poudre à feu, lorsque la valeur des amendes et confiscations ne s'élève pas au-delà de mille francs ;

2° Location amiable, après estimation contradictoire, de la valeur locative des biens de l'Etat, lorsque le prix annuel n'excède pas cinq cents francs ;

3° Concessions de servitude à titre de tolérance temporaire et révocables à volonté ;

4° Concessions autorisées par les lois des 20 mai 1836 et 10 juin 1847 des biens usurpés, lorsque le prix n'excède pas deux mille francs ;

5° Cessions de terrains domaniaux compris dans le tracé des routes nationales, départementales et des chemins vicinaux ;

6° Echanges de terrains provenant de déclasse-

7

ment de routes, dans le cas prévu par l'article 4 de la loi du 20 mai 1836 ;

7° Liquidation de dépenses, lorsque les sommes liquidées ne dépassent pas deux mille francs ;

8° Demandes en autorisation concernant les établissements et constructions mentionnés dans les articles 151, 152, 153, 154 et 155 du code forestier ;

9° Vente sur les lieux des produits façonnés provenant des bois des communes et des établissements publics, quelle que soit la valeur de ces produits ;

10° Travaux à exécuter dans les forêts communales ou établissements publics, pour la recherche ou la conduite des eaux, la construction des récipients et autres ouvrages analogues, lorsque ces travaux auront un but d'utilité communale.

Tableau D.

1 Autorisation, sur les cours d'eau navigables ou flottables, des prises d'eau faites au moyen de machines, et qui, eu égard au volume du cours d'eau, n'auraient pas pour effet d'en altérer sensiblement le régime ;

2° Autorisation des établissements temporaires sur lesdits cours d'eau, alors même qu'ils auraient pour effet de modifier le régime ou le niveau des eaux ; fixation de la durée de la permission ;

3° Autorisation sur les cours d'eau non navigables ni flottables de tout établissement nouveau, tel que moulin, usine, barrage, prise d'eau d'irrigation, patrouillet, bocard, lavoir à mines ;

4° Régularisation de l'existence desdits établissements lorsqu'ils ne sont pas encore. pourvus d'autorisation régulière, ou modifications des règlements déjà existants ;

5° Dispositions pour assurer le curage et le bon entretien des cours d'eau non navigables ni flottables de la manière prescrite par les anciens règlements ou d'après les usages locaux. Réunion, s'il y a lieu, des propriétaires intéressés en associations syndicales ;

6° Constitution en association syndicale des propriétaires intéressés à l'exécution et à l'entretien des travaux d'endiguement contre la mer, les fleuves, rivières et torrents navigables ou non navigables, de canaux d'arrosage ou de canaux de desséchement, lorsque ces propriétaires sont d'accord pour l'exécution desdits travaux et la répartition des dépenses ;

7° Autorisation et établissement des débarcadères sur les bords des fleuves et rivières pour le service de la navigation ; fixation des tarifs et des conditions d'exploitation de ces débarcadères ;

8° Approbation de la liquidation des plus-values ou des moins-values en fin de bail du matériel des bacs affermés au profit de l'Etat ;

9° Autorisation et établissement des bateaux particuliers ;

10° Approbation, dans la limite des crédits ouverts, des dépenses dont la nomenclature suit :

a. Acquisition de terrains, d'immeubles, etc. dont le prix ne dépasse pas vingt-cinq mille francs.

b. Indemnités immobilières ;

c. Indemnités pour dommages ;

d. Frais accessoires aux acquisitions d'immeubles, aux indemnités mobilières et aux dommages ci-dessus désignés ;

e. Loyers de magasins, terrains, etc.

f. Secours aux ouvriers réformés, blessés, etc., dans les limites déterminées par les instructions ;

11° Approbation de la répartition rectifiée des fonds d'entretien et des décomptes définitifs des entreprises, quand il n'y a pas d'augmentation sur les dépenses autorisées ;

12° Autorisation de la mainlevée des hypothèques prises sur les biens des adjudicataires ou de de leurs cautions, et du remboursement des cautionnements après la réception définitive des travaux ; autorisation de la remise à l'administration des domaines des terrains devenus inutiles au service.

Loi sur les conseils municipaux
Du 24 juillet 1867.

NAPOLÉON, par la grâce de Dieu et la volonté nationale, EMPEREUR DES FRANÇAIS, à tous présents et à venir, SALUT.

Avons sanctionné et sanctionnons, promulgué et promulguons ce qui suit :

TITRE Ier.

DES ATTRIBUTIONS DES CONSEILS MUNICIPAUX.

Art. Ier. — Les conseils municipaux règlent, par leurs délibérations, les affaires ci-après désignées, savoir :

1º Les acquisitions d'immeubles, lorsque la dépense, totalisée avec celle des autres acquisitions déjà votées dans le même exercice, ne dépasse pas le dixième des revenus ordinaires de la commune ;

2º Les conditions des baux à loyer des maisons et bâtiments appartenant à la commune, pourvu que la durée du bail ne dépasse pas dix-huit ans ;

3º Les projets, plans et devis de grosses réparations et d'entretien, lorsque la dépense totale afférente à ces projets et aux autres projets de la même nature, adoptés dans le même exercice, ne dépasse pas le cinquième des revenus ordinaires de la commune, ni, en aucun cas, une somme de cinquante mille francs ;

4º Le tarif des droits de place à percevoir dans les halles, foires et marchés ;

5º Les droits à percevoir pour permis de stationnement et de locations sur les rues, places et autres lieux dépendant du domaine public communal ;

6º Le tarif des concessions dans les cimetières ;

7º Les assurances des bâtiments communaux ;

7.

8° L'affectation d'une propriété communale à un service communal, lorsque cette propriété n'est encore affectée à aucun service public, sauf les règles prescrites par des lois particulières ;

9° L'acceptation ou le refus de dons ou legs faits à la commune sans charges, conditions ni affectation immobilière, lorsque ces dons et legs ne donnent pas lieu à réclamation.

En cas de désaccord entre le maire et le conseil municipal, la délibération ne sera exécutoire qu'après approbation du préfet.

2.—Lorsque le budget communal pourvoit à toutes les dépenses obligatoires et qu'il n'applique aucune recette extraordinaire aux dépenses soit obligatoires, soit facultatives, les allocations portées audit budget par le conseil municipal pour des dépenses facultatives ne peuvent être ni changées ni modifiées par l'arrêté du préfet ou par le décret impérial qui règle le budget.

3.—Les conseils municipaux peuvent voter, dans la limite du maximum fixé chaque année par le conseil général, des contributions extraordinaires n'excédant pas cinq centimes pendant cinq années, pour en affecter le produit à des dépenses extraordinaires d'utilité communale.

Ils peuvent aussi voter trois centimes extraordinaires, exclusivement affectés aux chemins vicinaux ordinaires.

Les conseils municipaux votent et règlent, par leurs délibérations, les emprunts communaux remboursables sur les centimes extraordinaires votés comme il vient d'être dit au premier paragraphe du présent article, ou sur les ressources ordinaires quand l'amortissement, en ce dernier cas, ne dépasse pas douze années.

En cas de désaccord entre le maire et le conseil municipal, la délibération ne sera exécutoire qu'après approbation du préfet.

4. —A l'avenir, les forêts et les bois de l'Etat acquitteront les centimes additionnels ordinaires et extraordinaires affectés aux dépenses des communes, dans la proportion de la moitié de leur valeur imposable, le tout sans préjudice des dispositions de l'article 13 de la loi du 21 mai 1836, de l'article 3 de la loi du 12 juillet 1865 et du paragraphe 2 de l'article 3 de la présente loi.

5. —Les conseils municipaux votent, sauf approbation du préfet :

1° Les contributions extraordinaires qui dépasseraient cinq centimes sans excéder le maximum fixé par le conseil général, et dont la durée ne serait pas supérieure a douze années ;

2° Les emprunts remboursables sur ces mêmes contributions extraordinaires ou sur les revenus ordinaires dans un délai excédant douze années.

6.—L'article 18 de la loi du 18 juillet 1837 est applicable aux délibérations prises par les conseils municipaux en exécution des articles 1er, 2 et 3 qui précèdent.

L'article 43 de la même loi est applicable aux contributions extraordinaires et aux emprunts votés par les conseils municipaux en exécution des articles 3 et 5.

7. —Toute contribution extraordinaire dépassant le maximum fixé par le conseil général et tout emprunt remboursable sur ressources extraordinaires dans un délai excédant douze années, sont autorisés par décret impérial.

Le décret est rendu en Conseil d'Etat, s'il s'agit d'une commune ayant un revenu supérieur à cent mille francs.

Il est statué par une loi si la somme à emprunter dépasse un million ou si ladite somme, réunie au chiffre d'autres emprunts non encore remboursés, dépasse un million.

8.—L'établissement des taxes d'octroi votées par les conseils municipaux, ainsi que les règlements relatifs à leur perception, sont autorisés par décrets impériaux rendus sur l'avis du Conseil d'Etat.

Il en sera de même en ce qui concerne :

1º Les modifications aux règlements ou aux périmètres existants ;

2º L'assujettissement à la taxe d'objets non encore imposés dans le tarif local ;

3º L'établissement ou le renouvellement d'une taxe sur des objets non compris dans le tarif général indiqué ci-après ;

4º L'établissement ou le renouvellement d'une taxe excédant le maximum fixé par ledit tarif général.

9.— Sont exécutoires, dans les conditions déterminées par l'article 18 de la loi du 18 juillet 1837, les délibérations prises par les conseils municipaux, concernant :

1° La suppression ou la diminution des taxes d'octroi ;

2° La prorogation des taxes principales d'octroi pour cinq ans au plus ;

3° L'augmentation des taxes jusqu'à concurrence d'un décime, pour cinq ans au plus.

Sous la condition toutefois qu'aucune des taxes ainsi maintenues ou modifiées n'excédera le maximum déterminé dans un tarif général qui sera établi, après avis des conseils généraux, par un règlement d'administration publique, ou qu'aucune desdites taxes ne portera sur des objets non compris dans ce tarif.

En cas de désaccord entre le maire et le conseil municipal, la délibération ne sera exécutoire qu'après approbation du préfet.

10.—Sont exécutoires, sur l'approbation du préfet, lesdites délibérations ayant pour but :

La prorogation des taxes additionnelles actuellement existantes ;

L'augmentation des taxes principales au delà d'un décime ;

Dans les limites du maximum des droits et de la nomenclature des objets fixés par le tarif général.

11. — Les conseils municipaux délibèrent sur l'établissement des marchés d'approvisionnement dans leur commune.

Le paragraphe 3 de l'article 6 et le paragraphe

3 de l'article 41 de la loi du 10 mai 1838 sont abrogés en ce qui concerne lesdits marchés.

12. — Les délibérations des commissions administratives des hospices, hôpitaux et autres établissements charitables communaux, concernant un emprunt, sont exécutoires en vertu d'un arrêté du préfet, sur avis conforme du conseil municipal, lorsque la somme à emprunter ne dépasse pas le chiffre des revenus ordinaires de l'établissement et que le remboursement doit être effectué dans un délai de douze années.

Si la somme à emprunter dépasse ledit chiffre, ou si le délai de remboursement est supérieur à douze années, l'emprunt ne peut être autorisé que par un décret de l'Empereur.

Le décret d'autorisation est rendu dans la forme des règlements d'administration publique, si l'avis du conseil municipal est contraire ou s'il s'agit d'un établissement ayant plus de cent mille francs de revenus.

L'emprunt ne peut être autorisé que par une loi, lorsque la somme à emprunter dépasse cinq cent mille francs, ou lorsque ladite somme, réunie au chiffre d'autres emprunts non encore remboursés, dépasse cinq cent mille francs.

13. — Les changements dans la circonscription territoriale des communes faisant partie du même canton sont définitivement approuvés par les préfets, après accomplissement des formalités prévues au titre Ier de la loi du 18 juillet 1837, en cas de

consentement des conseils municipaux et sur avis conforme.du conseil général.

Si l'avis du conseil général est contraire, ou si les changements proposés dans les circonscriptions communales modifient la composition d'un département, d'un arrondissement ou d'un canton, il est statué par une loi.

Tous autres changements dans la circonscription territoriale des communes sont autorisés par des décrets rendus dans la forme des règlements d'administration publique.

14.— La création des bureaux de bienfaisance est autorisée par les préfets, sur l'avis des conseils municipaux.

TITRE II

DISPOSITIONS CONCERNANT LES VILLES AYANT TROIS MILLIONS DE REVENUS.

15.— Les budgets des villes et des établissements de bienfaisance ayant trois millions au moins de revenus sont soumis à l'approbation de l'Empereur, sur la proposition du ministre de l'intérieur.

16. — Les traités à passer pour l'exécution, par entreprises, des travaux d'ouverture des nouvelles voies publiques et de tous autres travaux communaux déclarés d'utilité publique, dans lesdites villes, sont approuvés par décrets rendus en Conseil d'État.

Il en est de même des traités portant concession, à titre exclusif ou pour une durée de plus de trente années, des grands services municipaux desdites villes, ainsi que des tarifs et traités relatifs aux pompes funèbres.

17. — Les dispositions de la présente loi et celles de la loi du 18 juillet 1837 et du décret du 25 mars 1852, qui sont encore en vigueur, sont applicables à l'administration de la ville de Paris et de la ville de Lyon.

Les délibérations prises par les conseils municipaux desdites villes, sur les objets énumérés dans les articles 1er et 9 de la présente loi, ne sont exécutoires, en cas de désaccord entre le préfet et le conseil municipal, qu'en vertu d'une approbation donnée par décret impérial.

Aucune imposition extraordinaire ne peut être établie dans ces villes, aucun emprunt ne peut être contracté par elles, sans qu'elles y soient autorisées par une loi.

Il n'est pas dérogé aux dispositions spéciales concernant l'organisation des administrations de l'assistance publique, du mont-de-piété et de l'octroi de Paris.

TITRE III

RENOUVELLEMENT DES CONSEILS MUNICIPAUX.

18. — A l'avenir, les conseils municipaux seront élus pour sept ans.

TITRE IV

DISPOSITIONS DIVERSES.

19.—Dans le cas où une commune sera divisée en sections pour l'élection des conseillers municipaux, conformément à l'article 7 de la loi du 5 mai 1855, la réunion des électeurs ne pourra avoir lieu avant le dixième jour, à compter de l'arrêt du préfet.

20. — Les gardes champêtres sont chargés de rechercher, chacun dans le territoire pour lequel il est assermenté, les contraventions aux règlements de police municipale. Ils dressent des procès-verbaux pour constater ces contraventions.

21. — Nul ne peut être maire ou adjoint dans une commune et conseiller municipal dans une autre commune.

22. — La commission nommée en cas de dissolution d'un conseil municipal, conformément à l'article 13 de la loi du 5 mai 1855, peut être maintenue en fonctions pendant trois ans.

23. — L'article 50 de la loi du 5 mai 1855 est abrogé.

Toutefois, dans les villes chefs-lieux de département ayant plus de quarante mille âmes de population, l'organisation du personnel chargé des services de la police est réglé, sur l'avis du conseil municipal, par un décret impérial, le conseil d'État entendu.

Les inspecteurs de police, les brigadiers, sous-brigadiers et agents de police sont nommés par le préfet, sur la présentation du maire.

Si un conseil municipal n'allouait pas les fonds exigés pour la dépense, ou n'allouait qu'une somme insuffisante, l'allocation nécessaire serait inscrite au budget par décret impérial, le conseil d'État entendu.

24. — Toutes les dispositions de lois antérieures demeurent abrogées en ce qu'elles ont de contraire à la présente loi.

TABLE DES MATIÈRES

MUNICIPALITÉS.

Typ. Alcan-Lévy, boulevard de Clichy, 62

Ouvrages et Publications du même auteur

Le Gaz, organe spécial des intérêts de l'industrie de l'éclairage et du chauffage par le Gaz, journal mensuel paraissant le dernier jour de chaque mois. — Paris, 10 fr. — Département, 13 fr. — Étranger, 15 fr.

Le *Constructeur d'Usines à Gaz*, recueil des plans coloriés de tous les appareils employés dans la construction des Usines à Gaz, avec tous les détails nécessaires à leur exécution. 2 planches in-4° double par mois. — Prix : 25 fr. par an.

Guide de l'Abonné au Gaz d'éclairage et de chauffage, aperçu élémentaire mis à la portée de tous sur les avantages que présente l'emploi du Gaz. Un volume in-18. — 1 fr. 50.

Brevets d'Invention (industrie du Gaz), pris en France de 1791 à 1844, par analyse, extraits ou copies. Un volume in-8°. — 5 fr.

Étalon légal ou mesure type du pouvoir éclairant du Gaz; Commentaire sur l'instruction de MM. Dumas et Regnault, de l'Institut. — Prix : 60 c.

Tablettes du Directeur d'Usine à Gaz. Sous ce titre, l'auteur publie une série d'ouvrages traitant de toutes les matières relatives à la direction et à la gestion des usines à Gaz. Sont déjà publiés :

Contrôle pratique de la qualité du Gaz. Un volume in-18. Prix : 3 fr.

Recueil de Jurisprudence donnant la solution de toutes les difficultés qui se sont élevées jusqu'à ce jour entre les compagnies de Gaz et leurs abonnés, avec les jugements et arrêts rendus par les diverses cours et tribunaux de l'Empire. Un volume in-18. Prix : 18 fr.

PARIS — TYP. ALCAN-LÉVY, BOULEVARD DE CLICHY, 62.